Roland Schmincke
Rom und Byzanz

Roland Schmincke

Rom und Byzanz

Re Di Roma-Verlag

Bibliografische Information der Deutschen Nationalbibliothek:
Die Deutsche Nationalbibliothek verzeichnet diese Publikation in der Deutschen Nationalbibliografie; detaillierte bibliografische Daten sind im Internet über http://dnb.ddb.de abrufbar.

ISBN 978-3-86870-805-9

www.rediroma-verlag.de
7,95 Euro (D)

Vorwort

Das vorliegende Buch stellt eine kurze Abhandlung der Gesamtgeschichte des Römischen Reiches und des Byzantinischen Reiches dar, also von der legendären Gründung der Stadt Rom am 21. April 753 v. Chr. bis zum Untergang des Reiches am 29. Mai 1453 n. Chr., als mit der Stadt Konstantinopel, dem heutigen Istanbul, der letzte verbliebene Rest des Staatsgebietes von den Türken erobert wurde.

Die Geschichte von Rom und Byzanz ist nur scheinbar die Geschichte zweier Staaten. Tatsächlich aber geht das Römische nahtlos in das Byzantinische Reich über. Insofern gibt es auch kein festes Datum, an dem in der neuzeitlichen Literatur nicht mehr vom Römischen sondern vom Byzantinischen Reich gesprochen wird[1]. Der Übergangszeitraum erstreckt sich vom Beginn des vierten nachchristlichen Jahrhunderts, als die Hauptstadt des Römischen Reiches von Rom nach Byzantium verlegt wurde und in etwa zeitgleich mit der Legalisierung des Christentums ein allmählicher Wandel in den Wertvorstellungen der römischen Gesellschaft einsetzte, bis zur Mitte des achten Jahrhunderts, als die Stadt Rom dem Herrschaftsbereich des Römischen bzw. Byzantinischen Reiches für immer verloren ging.

---

[1] In der zeitgenössischen Literatur findet der Begriff „Byzantinisches Reich“ gar keine Anwendung. Die sogenannten Byzantiner waren nach ihrem eigenen Selbstverständnis weiterhin Römer.

Da der Schwerpunkt populärwissenschaftlicher Literatur über das Römische Reich auf der Geschichte der beiden Triumvirate von Iulius Caesar, Pompeius und Crassus bzw. von Marcus Antonius, Lepidus und Octavianus, dem späteren Kaiser Augustus, liegt, wird in dem vorliegenden Buch die Beschreibung dieser Epoche bewusst knapp gehalten. Es soll vielmehr ein Gesamtüberblick über die 2200-jährige Geschichte des Römischen und Byzantinischen Reiches vermittelt werden, wobei insbesondere im dritten und vierten Teil des Buches immer wieder auf die Bedeutung der Religion für geschichtliche Entwicklungen hingewiesen wird.

Inhaltsverzeichnis

Teil III, 193 bis 867 n. Chr.:

Teil IV, 867 bis 1453 n. Chr.:

Teil I

753 v. Chr. bis 27 v. Chr.

Einleitung:

Teil 1 dieses Buches beschreibt die Ereignisse von der Gründung Roms bis zur Ernennung von *Octavianus Augustus* zum ersten römischen Kaiser. Das Römische Reich hatte sich in dieser Zeit von einem Stadtstaat zu einem den gesamten Mittelmeerraum umfassenden Großreich entwickelt.

Die legendäre Gründung der Stadt Rom:

Der Sage nach wurde Rom am 21. April 753 v. Chr. von dem Hirten *Romulus* gegründet, indem er mit einem Pflug eine Furche um das Gebiet der zu erbauenden Stadt zog.

Romulus und sein Zwillingsbruder *Remus* sollen die Kinder der Vesta-Priesterin *Rhea Silvia* und dem Kriegsgott *Mars* gewesen sein. Als der in der Gegend herrschende König *Amulius* von der Geburt der Zwillinge hörte, fürchtete er um seine Macht und ließ die beiden Säuglinge in den Tiber aussetzen. Sie ertranken jedoch nicht, sondern wurden rechtzeitig von einer Wölfin aus dem Fluss gerettet. Die Wölfin säugte Romulus und Remus wie ihre eigenen Jungen, bis sie von dem Hirten *Faustulus* gefunden wurden, in dessen Familie sie aufwuchsen.

Romulus und Remus entwickelten sich, wie König Amulius es befürchtet hatte: wild wie Wölfe und fast so stark wie Mars. Eines Tages beschlossen die beiden Brüder, gemeinsam eine Stadt zu bauen. Da jedoch jeder seine eigenen Ideen durchsetzen wollte, gerieten sie bei der Planung in einen Streit auf Leben und Tod, in dem Remus unterlag.

So soll es der Sage nach gewesen sein. Tatsächlich ist jedoch von der Gründung Roms so gut wie nichts bekannt, denn die schriftliche Überlieferung setzte erst einige Jahrhunderte später ein.

Italien im achten vorchristlichen Jahrhundert:

Im achten vorchristlichen Jahrhundert war Italien von den Ligurern, die hier schon seit prähistorischen Zeiten lebten, Völkern aus Nord- und Mitteleuropa, die wahrscheinlich noch vor dem zehnten vorchristlichen Jahrhundert eingewandert waren sowie von illyrischen Völkern, die etwa im neunten vorchristlichen Jahrhundert nach Italien kamen, bevölkert. Die Menschen lebten in einfachen Hütten und betrieben schon Ackerbau und Viehzucht.

Im achten vorchristlichen Jahrhundert wanderte außerdem das aus Kleinasien stammende Volk der Etrusker, von den Griechen auch „Thyrrener“ genannt, ein. Es siedelte sich im Westen Mittelitaliens, also in der Gegend der heutigen

Stadt Rom an. Die Etrusker waren höher entwickelt als die bisher in Italien lebenden Völker und gründeten die ersten Städte in Italien. Außerdem brachten die Etrusker den Glauben an die griechische Götterwelt mit, der sich in Italien in nur wenig veränderter Form durchsetzte. Die Änderungen bestanden hauptsächlich in der Umbenennung einzelner Götter, jedoch unter weitgehender Beibehaltung ihrer Charaktere. Aus Zeus wurde beispielsweise Jupiter. Im Gegensatz zu den anderen Völkern Italiens waren die Etrusker des Lesens und Schreibens mächtig. Aus einer Vermischung der verschiedenen Sprachen Italiens entwickelte sich allmählich die lateinische Sprache.

Die geschichtlich belegten Anfänge Roms als Stadtstaat:

Die ältesten Ausgrabungsfunde, die auf eine menschliche Besiedlung des heutigen Stadtgebietes von Rom hindeuten, reichen bis in das achte vorchristliche Jahrhundert zurück. Insofern steht das sagenhafte Gründungsdatum Roms am 21. April 753 v. Chr. nicht im Widerspruch zu den Ausgrabungsfunden. Man geht davon aus, dass im Laufe der Zeit mehrere dörfliche Siedlungen zu einer einzigen Stadt, die von Königen beherrscht wurde, verschmolzen sind. Die Volkszugehörigkeit der ersten römischen Könige ist nicht bekannt. Etwa um 600 v. Chr. wurde Rom von den Etruskern erobert. Wahrscheinlich um 500 v. Chr. endete die etruskische Herrschaft über Rom mit der Vertreibung des Königs.

Von dem Historiker *Livius* ist eine detaillierte schriftliche Darstellung von der selbstherrlichen Regentschaft des letzten römischen Königs *Tarquinius Superbus* (Tarquinius der Überhebliche) und dessen Vertreibung durch die Stadtbevölkerung unter Führung von *Lucius Iunius Brutus* im Jahre 510 v. Chr. überliefert. Brutus wurde erster Konsul der neu gegründeten Republik und ist nach dem Stadtgründer Romulus als zweiter Volksheld in die römische Geschichte eingegangen. „Brutus" wurde fortan ein beliebter Name, obwohl die ursprüngliche Bedeutung dieses Wortes „trottelig" lautet. An dieser Stelle sei jedoch angemerkt, dass der Historiker Livius kein Zeitzeuge war, sondern etwa 500 Jahre später gelebt hat. Insofern sind die Einzelheiten zur Entstehung der Römischen Republik nur unsicher belegt. Hinweise von Zeitgenossen zu den Ereignissen und zu dem genauen Jahr des Umsturzes sind nicht überliefert.

Aufbau des Römischen Staatswesens und Ausdehnung der Macht Roms auf die gesamte Apenninenhalbinsel:

Nach der Vertreibung des etruskischen Königs war nun der Senat das wichtigste Machtorgan in Rom. Der Senat war eine etwa 300 köpfige Versammlung des römischen Adelsstandes, der *Patrizier*. Von ihm wurden die wichtigsten Staatsbeamten gewählt. An der Spitze der Beamtenschaft standen zwei *Konsuln*, die jeweils für ein Jahr gewählt wurden. Ein Konsul war für die Stadtverwaltung zuständig und der andere für die Heeresführung. Mit den Regierungsgeschäften waren zunächst nur Patrizier betraut und somit nur der wohlhabenste Teil der römischen Bevölkerung. Dies ließen sich die einfachen Bürger, die *Plebejer*, jedoch auf Dauer nicht gefallen und setzten ihre Beteiligung an der Macht durch. Es wurden mehrere Volksversammlungen, die *Comitia*, gegründet, die besonders in Fragen von Krieg und Frieden und in der Rechtssprechung wichtig waren. Außerdem wählten die Comitia die *Tribunen*, die gegen alle Maßnahmen der Verwaltung, die die Belange der Plebejer betrafen, Einspruch einlegen konnten. Weitgehend rechtlos waren und blieben die Sklaven.

Bereits in den ersten Jahren der Römischen Republik bildete sich eine verantwortungsbewusste und einsatzbereite Gesellschaft aus, da großen Teilen der Bevölkerung die Möglichkeit zur Mitgestaltung und Einflussnahme auf die Staatsgeschäfte gegeben war.

Rom erweiterte seinen Herrschaftsbereich bis zum Beginn des 3. Jahrhunderts v. Chr. auf die gesamte Apenninenhalbinsel. Dabei erhielten die Römer etwa um das Jahr 390 v. Chr. einmal einen Rückschlag, als gallische Stämme bis nach Rom vordrangen, und die Stadt plünderten. Kurze Zeit später setzten sie jedoch ihre Expansionspolitik fort. Z. T. schlossen sich neue Gebiete freiwillig dem Römischen Reich an, z. T. wurden sie aber auch mit militärischen Mitteln erobert. Besonders hart waren die Kämpfe gegen die Griechen, die in Süditalien seit dem achten vorchristlichen Jahrhundert zahlreiche Kolonien gegründet hatten. Nachdem die Griechen unter dem Kommando ihres Feldherrn *Pyrrhus* den sprichwörtlich gewordenen Pyrrhussieg errungen hatten, mussten sie sich schließlich doch den Römern unterwerfen. Der Kampf um die griechischen Kolonien wurde in mehreren Schlachten ausgetragen, die

Pyrrhus alle für sich entscheiden konnte. Die Verluste waren jedoch auf beiden Seiten hoch, und im Gegensatz zu den Römern gelang es den Griechen in der Fremde nicht, immer wieder neue Kräfte zu mobilisieren, so dass sie sich am Ende geschlagen geben mussten. Pyrrhus soll schon nach der zweiten Schlacht gesagt haben: „Noch ein solcher Sieg und wir sind verloren."

Rom war jetzt zusammen mit Carthago eine der beiden Großmächte im westlichen Mittelmeerraum.

Die Punischen Kriege:

Einleitung:

Die Carthager, auch „Punier" genannt, lebten auf dem Gebiet des heutigen Tunesiens. Außerdem hatten sie weiter westlich in Nordafrika, auf der iberischen Halbinsel sowie auf auf den Inseln Sizilien, Sardinien und Korsika Kolonien gegründet. Carthago war eine bedeutende Handelsmacht und kontrollierte mit seiner Kriegsmarine die Schifffahrt im westlichen Mittelmeer. Im Zeitraum 264 bis 146 v. Chr. kam es zwischen Rom und Carthago zu drei Kriegen, die Rom alle für sich entscheiden konnte.

- Nach dem ersten Punischen Krieg war Carthago immer noch mächtig.
- Nach dem zweiten Punischen Krieg war Carthago noch bewohnbar.
- Nach dem dritten Punischen Krieg war Carthago dem Erdboden gleich gemacht.

Der erste Punische Krieg, 264 bis 241 v. Chr.:

Der erste Punische Krieg begann mit dem Einmarsch der Römer auf Sizilien. Da die Römer vor Kriegsbeginn ihre Kriegsflotte erheblich erweitert hatten, gelang es den Carthagern nicht, die Anlandung der römischen Truppen auf Sizilien zu verhindern. Es folgten lange und für beide Seiten verlustreiche Kämpfe auf Sizilien, die die Römer schließlich für sich entscheiden konnten, da es ihnen gelang, mit ihrer neuen und während des Krieges noch weiter ausgebauten Kriegsflotte den Nachschub für die Carthager aus Nordafrika zu behindern.

Nach dem Sieg in Sizilien setzten die Römer nach Nordafrika über, wo sie jedoch den Carthagern in deren eigenem Stammland unterlagen. Schließlich einigte man sich nach 23 Jahren Krieg auf einen Frieden, in dem Carthago die Inseln Sizilien, Sardinien und Korsika an Rom abtreten musste.

Entscheidend für die Niederlage Carthagos war letztendlich, dass es den Römern gelang, innerhalb kurzer Zeit eine schlagkräftige Kriegsflotte aufzubauen.

Die Besetzung Siziliens, Sardiniens und Korsikas war für die Römer hauptsächlich von strategischer Bedeutung, da die unmittelbare Bedrohung der Apenninenhalbinsel durch die Carthager nun in weite Ferne gerückt war. Eine Entscheidung über die Vormachtstellung eines der beiden Reiche im westlichen Mittelmeerraum hatte der Krieg jedoch nicht gebracht.

Der 2. Punische Krieg, 218 – 201 v. Chr.:

Nach dem ersten Punischen Krieg mussten die Römer zunächst ihre Nordgrenze, die von keltischen Stämmen aus der Po-Ebene bedrängt wurde, sichern. Am Ende dieser Auseinandersetzung mit den Kelten hatten sich die Römer ganz Norditalien bis zum Alpenrand einverleibt. Sie nannten die neue Provinz Gallia Cisalpina.

Die Carthager suchten derweil nach Ersatz für die an die Römer verlorenen Inseln Sizilien, Sardinien und Korsika und begannen mit der Eroberung der gesamten iberischen Halbinsel. Dabei ahnten sie noch nicht, dass sie mit der Urbarmachung dieses von der Zivilisation noch weitgehend unberührten Landes Vorarbeit für ihren Erzfeind Rom leisteten, dem die iberische Halbinsel nach dem zweiten Punischen Krieg zufallen sollte.

Der zweite Punische Krieg begann im Herbst 218 v. Chr. mit dem plötzlichen und von den Römern völlig unerwarteten Auftauchen eines carthagischen Heeres in der Po-Ebene.

Die Carthager hatten sich Anfang des Jahres 218 v. Chr. unter Führung ihres Feldherrn *Hannibal* mit einem ca. 40.000 Mann starken Heer, dem als Geheimwaffe u. a. 37 Elefanten angehörten, von der iberischen Halbinsel aus auf den Weg in Richtung Italien begeben. Auf dem Marsch schlossen sich dem carthagischen Heer noch keltische Stämme als Bundesgenossen an. Diese große Truppenbewegung blieb von den Römern nicht unbemerkt, die die Carthager mit einer Legion an der Rhodanusmündung (Rhonemündung) erwarteten. Es kam jedoch nicht zur Schlacht, denn die Carthager bogen zur Überraschung der Römer vor dem Zusammentreffen nach Norden ab. Die Römer wiegten sich nun in Sicherheit, da sie in den Alpen ein unüberwindbares Hindernis sahen und kümmerten sich nicht weiter um die vermeintlichen Eroberungspläne der Carthager in Gallien. Die Carthager überquerten jedoch tatsächlich die Alpen in Richtung Norditalien und schlugen dort die überraschten Römer vernichtend.

In den folgenden Jahren zogen die Carthager weiter nach Süden, wobei die zahlenmäßig überlegenen Römer aufgrund des taktischen Geschicks von Hannibal immer wieder geschlagen wurden. In der Schlacht am Trasimenischen See in Umbrien kesselten die Carthager beispielsweise ein ca. 30.000 Mann starkes Heer der Römer auf einer Landenge zwischen dem Ufer des Sees und einem angrenzenden Höhenzug unbemerkt ein und vernichteten es vollständig ohne nennenswerte eigene Verluste.

Nicht überliefert ist, ob die legendären 37 Elefanten bei dem Siegeszug der Carthager durch Italien eine Rolle gespielt haben. Es ist nicht auszuschließen, dass sie tatsächlich die Alpenüberquerung im Herbst allein schon wegen der niedrigen Außentemperaturen gar nicht überlebt haben.

Etwa ab 216 v. Chr., nachdem die Römer bei Cannae in Apulien noch einmal eine große Schlacht verloren hatten, konnten sich die carthagischen Soldaten praktisch frei und ohne Gegenwehr in Italien bewegen. In einer Stärke von einigen 10.000 Mann blieben sie jedoch ein isolierter Fremdkörper in Italien. Es gelang ihnen in den folgenden Jahren nicht, die verschiedenen in Italien lebenden Volksgruppen, die zusammen das Römische Reich bildeten, gegeneinander aufzuhetzen oder auf ihre Seite zu ziehen. In der Folge verschlechterte sich die Moral und die Schlagkraft der carthagischen Streitkräfte. Außerdem wurde der Nachschub knapp. Da machte sich 207 v. Chr. *Hasdrubal*, der Bruder Hannibals mit einem Heer auf den Weg nach Italien. Noch bevor sich die Truppen der beiden Brüder miteinander vereinigen konnten, wurde Hasdrubal jedoch von den Römern südlich von Ariminum (Rimini) in der Schlacht am Fluss Metaurus besiegt. Hiermit war eine Vorentscheidung des zweiten Punischen Krieges zu Gunsten der Römer gefallen, denn Hannibal stand jetzt ohne Nachschub in Italien auf verlorenem Posten.

Nachdem die Römer nun die Oberhand gewonnenen hatten, versuchten sie trotzdem nicht, Hannibal aus Italien zu vertreiben. Stattdessen schickten sie 204 v. Chr. ihre Truppen unter Leitung des Feldherrn *Scipio* direkt nach Afrika ins Stammland der Carthager. Nach zwei Siegen Scipios wurde Hannibal aus Italien nach Afrika zurückberufen. Er konnte mit seinen entkräfteten Truppen jedoch gegen die

Übermacht der Römer, die im Übrigen auch aus ihren Fehlern der ersten Schlachten gegen Hannibal gelernt hatten und dessen Angriffstaktiken übernommen hatten, nichts mehr ausrichten. In der Schlacht bei Zama im Landesinneren des heutigen Tunesiens wurde Hannibal von Scipio im Jahre 202 v. Chr. besiegt, und der zweite Punische Krieg endete mit der Kapitulation Carthagos.

In dem ein Jahr später geschlossenen Friedensvertrag musste Carthago auf sämtliche Besitzungen außerhalb seines Kernlandes auf dem Gebiet des heutigen Tunesiens verzichten. Die iberische Halbinsel wurde zur römischen Provinz Hispania und in den carthagischen Kolonien an den Küsten der heutigen Staaten Algerien und Marokko wurde unter Führung des Numidiers *Massinissa* ein Vasallenstaat von Roms Gnaden errichtet.

Hannibal floh nach Bithynien, ein Landesteil von Kleinasien, um der Gefangennahme durch die Römer zu entgehen. Dort beging er einige Jahre später Selbstmord, als auch sein Exil von den Römern erobert wurde.

Der 3. Punische Krieg, 149 – 146 v. Chr.:

Das Reich der Carthager war nach dem zweiten Punischen Krieg zu einem fast bedeutungslosen Kleinstaat zusammengeschrumpft. Insbesondere stellte Carthago im westlichen Mittelmeer keine Bedrohung mehr für die römische Handelsmarine dar.

Da das Römische Reich in Carthago keine unmittelbare Gefahr mehr sah, wandte es sich jetzt dem östlichen Mittemeerraum zu und eroberte in den folgenden Jahrzehnten die Balkanhalbinsel mit Griechenland und Kleinasien. Die Römer erlangten so die Vormacht im gesamten Mittelmeer, das sie nun „Mare Nostrum“ (unser Meer) nannten.

Während der Jahre, als Rom im Osten beschäftigt war, arbeitete sich Carthago mit zäher Lebenskraft wieder leidlich empor, was jedoch sogleich den Argwohn der Römer hervorrief. Im Jahre 149 v. Chr. fielen die Römer mit einer gewaltigen militärischen Übermacht in Afrika ein und begannen mit der Belagerung der Hauptstadt Carthago, die noch drei Jahre standhielt. Nach der Einnahme, 146 v. Chr., wurde die Stadt geplündert und danach dem Erdboden gleich gemacht. Die noch etwa 50.000 Carthager, die die Straßenkämpfe überlebt haben sollen, wurden von den Siegern in die Sklaverei verkauft. Als Volksgruppe haben die Carthager nie wieder zueinander gefunden.

Das ehemalige Stadtgelände lag anschließend über 100 Jahre brach. Dann wurde Carthago von den Römern unter Beibehaltung des Namens wieder aufgebaut und entwickelte sich schnell zu einer Stadt mit mehreren hunderttausend Einwohnern.

Das Ende der Römischen Republik:

Mitte des zweiten Jahrhunderts v. Chr. umfasste das Römische Reich schon fast den gesamten Mittelmeerraum und war zur einzigen militärischen und wirtschaftlichen Großmacht der damals bekannten Welt aufgestiegen. Die Expansion des Reiches hatte jedoch zu einer Veränderung der Gesellschaftsstrukturen innerhalb Italiens geführt, in deren Folge es zu Bürgerkriegen und schließlich zum Ende der bisherigen Staatsform, der Republik, kam.

Während der Eroberungskriege der Römer wurden hunderttausende Kriegsgefangene gemacht, die von wohlhabenden Römern gekauft und u. a. auf den größeren Bauernhöfen und größeren Handwerksbetrieben Italiens als Arbeitssklaven eingesetzt wurden. Zum einen verdrängten die Sklaven die dort vorher tätigen nicht versklavten Arbeitskräfte, und zum anderen wurden Kleinbetriebe unwirtschaftlich, so dass sie von ihren Besitzern schließlich aufgegeben werden mussten. Auf diese Weise verarmten große Teile der Landbevölkerung und wanderten arbeits- und mittellos in die Städte ab. Diese aus volkswirtschaftlicher Sicht unproduktivsten Einwohner Roms und anderer Großstädte wurden über die nächsten Jahrhunderte der römischen Geschichte durch kostenlose Verteilung von Nahrungsmitteln und mit Großveranstaltungen zum Zeitvertreib, wie Wagenrennen und Gladiatorenkämpfen, bei Laune gehalten. „Brot und Spiele“ wurden sowohl direkt aus der Staatskasse als auch aus dem Privatvermögen begüterter Römer, insbesondere auch von erfolgreichen Feldherren, bezahlt, die auf diese Weise politischen Einfluss erlangten.

Die politischen Strukturen der Republik verfielen allmählich, bis sich die Rivalen *Marius* und *Sulla* in einem Bürgerkrieg zu Beginn des ersten Jahrhunderts v. Chr. bekämpften. Marius und seine Truppen unterlagen.

Unabhängig von der inneren Zerrissenheit blieb das Römische Reich militärisch weiterhin erfolgreich. Bis zum Jahre 51 v. Chr. wurden

- unter der Führung von *Gnaeus Pompeius* Syrien und Palästina und
- unter Führung von *Gaius Iulius* (der sich später „Caesar“ nannte) Gallien, das heutige Frankreich, unterworfen.

Beide Feldherren strebten neben ihren militärischen Erfolgen auch nach politischer Macht und gingen deshalb mit *Marcus Licinius Crassus*, einem der reichsten Männer der damaligen Zeit, ein Dreierbündnis ein, das sogenannte „erste Triumvirat“. Der Plan der drei Männer ging tatsächlich auf, und das Triumvirat wurde anstelle des Senats zur eigentlichen Machtzentrale des Römischen Reiches.

Nach dem Tod des Crassus in einem Feldzug gegen die Parther gerieten Pompeius und Caesar jedoch in Rivalität zueinander, die schließlich wieder in einen Bürgerkrieg mündete. Im Jahre 48 v. Chr. besiegten die Truppen Caesars schließlich die Truppen des Pompeius. Pompeius selbst flüchtete nach Ägypten, wo er, anstatt das erhoffte Asyl zu erhalten, ermordet wurde.

Caesar war jetzt Alleinherrscher über das Römische Reich und wurde zum Diktator auf Lebenszeit ernannt. Caesars Alleinherrschaft währte jedoch nur knapp vier Jahre, denn im Jahre 44 v. Chr. wurde er von Anhängern der alten Republik unter Führung von *Marcus Iunius Brutus* ermordet.

Entgegen seiner Erwartung gelang es Marcus Iunius Brutus nicht, die alte republikanische Verfassung wiederherzustellen. Vielmehr bildeten jetzt die Feldherren *Gaius Octavianus* (der spätere Kaiser Augustus), *Marcus Antonius* und *Aemilius Lepidus* ein zweites Triumvirat und rissen die politische Macht an sich.

Die Geschichte des zweiten Triumvirats verlief ähnlich wie die des ersten. Nach Ausschaltung ihrer Gegner, der Gruppe von Anhängern der Republik um Marcus Iunius Brutus, wandten sich die Triumvirn gegeneinander. Zuerst wurde Lepidus entmachtet. Danach kam es wieder zum Bürgerkrieg, diesmal zwischen Octavianus und Marcus Antonius, der sich mit Ägypten verbündet hatte. Im Jahre 30 v. Chr. war der Bürgerkrieg schließlich zu Gunsten von Octavianus entschieden. Er marschierte mit seinen Truppen in Ägypten ein, woraufhin sein Gegner Marcus Antonius und *Cleopatra*, die letzte ägyptische Pharaonin, Selbstmord begingen. Ägypten wurde damit als letzter Anrainerstaat des Mittelmeeres zu einer römischen Provinz.

Nach über hundert Jahren Unruhen und Bürgerkriegen gelang es Octavianus in der Folgezeit, den inneren Frieden im Römischen Reich wiederherzustellen. Im Jahre 27 v. Chr. wurde ihm vom Senat der Titel „Augustus“ („der Erhabene“) verliehen, und er wurde zum ersten römischen Kaiser.

Die Streitkräfte des Römischen Reiches:

Einleitung:

Seit seiner Gründung vor über 700 Jahren hatte das Römische Reich keine entscheidenden militärischen Rückschläge hinnehmen müssen. Das Reich war beständig gewachsen und es war immer gelungen, eroberte Gebiete tatsächlich zu befrieden und dem Staatsgebiet dauerhaft anzugliedern. Mit dem Beginn der Ära „Augustus“, also kurz vor Beginn unserer Zeitrechnung, verlangsamte sich zwar das Tempo neuer Eroberungen, die römischen Streitkräfte währten aber weiterhin auch in den nächsten Jahrhunderten erfolgreich jede Bedrohung des Römischen Reiches durch äußere Feinde ab.

Zusammenfassend kann man sagen, die Römer verloren hin und wieder Schlachten, insbesondere z. B. gegen die Carthager unter Hannibal, jedoch niemals einen Krieg.

Gründe für den Erfolg der römischen Streitkräfte:

- Sie waren ihren Gegnern zahlenmäßig immer überlegen. Sie wuchsen ständig und erreichten bis Augustus eine Stärke von ca. 300.000 Mann.

- Der Straßenbau hatte bei den Römern sowohl in Italien als auch in neu eroberten Gebieten einen hohen Stellenwert. Deshalb funktionierte der Nachschub mit Soldaten, Nahrungsmitteln und Ausrüstungsgegenständen bei den Römern besser als bei ihren Feinden.

- Waffen und Ausrüstungsgegenstände der Römer waren meist höherwertig als die ihrer Gegner.

- Waffen und Ausrüstungsgegenstände der Römer waren standardisiert, was eine wirkungsvolle Ausbildung möglich machte.

- Schließlich waren die Römer ihren Gegnern im Bau von Gräben und Schutzwällen überlegen, sei es zum eigenen Schutz bei der Errichtung von Heerlagern oder zur Belagerung feindlicher Stellungen. Der Spaten gehörte wie Schwert und Schutzschild zur Grundausrüstung eines römischen Legionärs.

Aufbau und Organisation der römischen Streitkräfte:

Die Geschichte der römischen Streitkräfte begann mit einer Wehrpflichtigenarmee. Es herrschte jedoch keine allgemeine Wehrpflicht. Vielmehr war der Militärdienst je nach Sichtweise Privileg oder Pflicht wohlhabender Römer, die auch für ihre Ausrüstung selbst aufkommen mussten. Etwa zur Zeit der Punischen Kriege setzte der allmähliche Umbau der Streitkräfte zu einer Berufsarmee ein.

Die Berufsarmee war ein beliebter Arbeitgeber, da sie immer ein gesichertes Einkommen garantierte. Ein Rekrut musste sich im Allgemeinen für 20 Jahre Militärdienst verpflichten. Der Legionär wurde dann wahlweise entweder ehrenvoll mit einer Abfindung aus Geld und Land in den römischen Provinzen entlassen, um sich dort eine bäuerliche Existenz aufzubauen, oder er konnte weiterhin Militärangehöriger bleiben.

Die römischen Streitkräfte gliederten sich in Truppenteile zu je 4.000 bis 6.000 Mann, den sogenannten Legionen. Sie bestanden

- aus einer (römischen Staatsbürgern vorbehaltenen) schwerbewaffneten Infanterie, ausgestattet mit Schwert und Wurfspieß sowie einer hochwertigen Schutzausrüstung, bestehend aus Schild, Brustpanzer und Helm,

- aus leichtbewaffneten Hilfstruppen (rekrutiert hauptsächlich unter den Bewohnern der Provinzen ohne römische Bürgerrechte), ausgestattet mit Dolch, Pfeil und Bogen oder Steinschleuder sowie einer im Vergleich zur schwerbewaffneten Infanterie minderwertigen Schutzausrüstung sowie

- aus etwa 300 Reitern.

Der Aufbau der römischen Streitkräfte blieb in seinen Grundlagen etwa bis zum Beginn des 7. Jahrhunderts n. Chr. erhalten, als die vernichtenden Niederlagen gegen die Araber eine grundlegende Heeresreform erforderlich machten.

Teil II

27 v. Chr. bis 193 n. Chr.

Einleitung:

Teil II dieses Buches beschreibt das Römische Reich auf dem Höhepunkt seiner Macht. Bei Amtsantritt des Kaisers Augustus im Jahre 27. v. Chr. war die territoriale Ausdehnung des Römischen Reiches weitgehend abgeschlossen und es setzten vergleichsweise friedliche Zeiten ein, die sog. „pax romana" (römischer Frieden). Wirtschaft, Gesellschaftsordnung, Militär und innere Verwaltung waren so stabil, dass auch zwei wahnsinnige Kaiser, *Caligula* und *Nero*, das Römische Reich nicht ins Wanken bringen konnten.

Das Zeitalter des Kaisers Augustus, 27 v.Chr. bis 14 n. Chr.:

Die neue Rolle der Streitkräfte :

Nach der Einnahme Ägyptens zum Ende des Bürgerkrieges im Jahre 30 v. Chr. war die bisherige Politik des Römischen Reiches, die der bedingungslosen Eroberung neuer Ländereien, beendet.

Nachdem es Augustus gelungen war, mit den Parthern an der Ostgrenze des Reiches Frieden zu schließen, bestand die Hauptaufgabe der Armee jetzt und in den folgenden Jahrhunderten darin, die lange Nordgrenze des Reiches, die von den Flüssen Rhein und Donau gebildet wurde, zu befestigen und die Angriffe der jenseits dieser Grenze lebenden germanischen und slawischen Völker abzuwehren. Der Versuch der Römer, zur Grenzsicherung militärische Vorposten östlich des Rheins zu errichten, schlug fehl. Er endete mit der Schlacht im Teutoburger Wald 9 n. Chr., in der die Römer unter dem Feldherrn *Varus* dem Cheruskerfürsten *Arminius* unterlagen.

Eine weitere Aufgabe der Streitkräfte sollte in Zukunft darin bestehen, für die innere Sicherheit zu sorgen und Unruhen der jeweiligen Urbevölkerungen in den Provinzen niederzuschlagen, unter Augustus z. B. auf der iberischen Halbinsel und in Illyricum (Jugoslawien).

Die Innenpolitik des Kaisers Augustus und die wirtschaftliche Entwicklung des Römischen Reiches:

Die mit Augustus angebrochenen Friedenszeiten führten zu einem allgemeinen wirtschaftlichen Aufschwung. Die landwirtschaftliche Produktion erhöhte sich, da Ernten nicht mehr durch Kriege oder Bürgerkriege vernichtet wurden. Staatliche Investitionen in das Straßennetz im gesamten Römischen Reich kamen dem Handel zu Gute und vereinfachten den Warentransport. Zahlreiche Menschen zogen in diesen Zeiten nach Italien, um dort zu leben und zu arbeiten. Rom entwickelte sich zur Millionenstadt (ca. 1,0 bis 1,3 Millionen Einwohner) und konnte diese Bevölkerungszahl für die nächsten 300 Jahre halten. Die Staatsführung versuchte nicht, die Zuwanderung nach Italien und insbesondere in die Stadt Rom durch Einschränkung der im ganzen Reich geltenden Freizügigkeit einzuschränken, sondern reagierte mit der Gründung einer städtischen Polizei, die für Ordnung sorgte, einer Feuerwehr und mit einer entsprechenden Erhöhung der kostenlosen Nahrungsmittelabgabe an Bedürftige. Außerdem wurde in den Bau neuer Wasserleitungen zur Sicherstellung der Trinkwasserversorgung investiert.

Die staatlichen Investitionen in zivile Bereiche konnten zunächst aus der Erbeutung des ägyptischen Staatsschatzes bestritten werden. Außerdem gelang es Augustus, die Finanzverwaltung des Römischen Reiches zu reformieren und insbesondere das System der Steuereintreibung effektiver und gerechter zu gestalten. Während die Steuereintreiber bisher ehrenamtlich tätig waren und einen gewissen Anteil der erlangten Steuern für sich behalten durften, setzte Augustus fest besoldete Steuerbeamte ein. Die Höhe der Steuern wurde für jeden Einwohner durch Schätzung der jeweiligen Vermögens- und Einkommensverhältnisse festgelegt. (Hierbei handelte sich um die „Schätzung“, auf die auch in der Weihnachtsgeschichte des Neuen Testamentes hingewiesen wird.)

Agrippa:

Marcus Vipsanius Agrippa, 62 bis 12 v. Chr., war der wichtigste Mitarbeiter, persönlicher Freund und später auch Schwiegersohn des Kaisers Augustus. Er konnte den Kaiser in allen Belangen würdig vertreten, sei es nun als Feldherr oder auch bei der Durchsetzung innenpolitischer Projekte, ohne das es dabei jemals zu Rivalitäten zwischen den beiden Männern gekommen wäre.

Im zivilen Bereich hat sich der ausgebildete Architekt Agrippa besondere Verdienste mit dem Bau von Wasserleitungen in Rom aber auch in anderen Städten des Reiches erworben. Die „Aqua Virgo", das bekannteste von Agrippa erbaute Aquaedukt, speist heute noch einige Brunnen der Stadt Rom, wie z. B. den Trevibrunnen.

Mit dem Bau der Agrippa-Thermen schuf er auf einem etwa einen Hektar umfassenden Gelände eine öffentliche Badeanstalt der Superlative mit Warmbädern, Kaltbädern, Dampfbädern, Massage- und Gymnastikräumen und sogar einer Bibliothek, die allen Einwohnern Roms kostenlos zur Verfügung stand. Da die neue Badekultur von der Bevölkerung angenommen wurde, folgte der Bau weiterer Schwimmbäder und Thermen, nicht nur in Rom, sondern auch in allen größeren Provinzstädten, so z. B. in Treveris, der heutigen Stadt Trier in Deutschland. Mit dem Bau der Agrippa-Thermen wurde nicht nur der Grundstein für ein neues, im Gegensatz zu Gladiatorenkämpfen unblutiges Freizeitvergnügen der Römer gelegt, sondern es entwickelte sich auch ein Bewusstsein für Körperhygiene in breiten Teilen der Bevölkerung.

Mit dem Bau des Pantheons, einem mehreren römischen Göttern geweihten Tempel, der von einer Kuppel überspannt wird, deren Durchmesser 43,30 m beträgt, setzte sich Agrippa ein Denkmal für die Ewigkeit. In den Folgejahren wurde das Pantheon zwar durch zwei Feuersbrünste vollständig zerstört, wurde jedoch Anfang des 2. Jahrhunderts n. Chr. nach den Vorlagen Agrippas wieder aufgebaut. Das Pantheon wird seit Anfang des 7. Jahrhunderts als christliche Kirche genutzt und ist heute das älteste vollständig erhaltene Bauwerk aus der Römerzeit.

Die Nachfolge des Kaisers Augustus:

Am 19. August 14 n. Chr. starb Augustus kurz vor Vollendung seines 77. Lebensjahres. Er konnte auf eine 58-jährige sehr erfolgreiche Regierungszeit, zunächst als Mitglied des zweiten Triumvirats und dann als Kaiser, zurückblicken.

Nachdem er mehrere potenzielle Nachfolgekandidaten überlebt hatte, entschloss er sich, seinen Stiefsohn *Tiberius* gezielt auf die Übernahme der Regierungsgeschäfte vorzubereiten. Obwohl ihm Tiberius persönlich unsympathisch gewesen sein soll, hielt er ihn dennoch für einen Mann, der dem Amt des Römischen Kaisers gewachsen sein würde, was sich auch bewahrheitete.

Das Julisch-Claudische Kaiserhaus, 14 bis 68 n. Chr.:

Tiberius, 14 bis 37 n. Chr.:

Im Gegensatz zu Augustus war Tiberius kein Visionär, führte jedoch das Erbe seines Vorgängers würdig fort. Er ging sparsam mit den Staatsgeldern um und genoss bei den Streitkräften auf Grund zahlreicher noch unter Augustus errungener Siege als Feldherr hohes Ansehen. Während seiner gesamten Regierungszeit achtete er darauf, Ausplünderungen der Provinzen zu Gunsten Italiens zu verhindern.

Nachfolger des Tiberius wurde *Gaius Caligula*, Sohn seines Neffen *Germanicus* und Urenkel von Augustus.

Gaius Caligula, 37 bis 41 n. Chr.:

Das Amt des römischen Kaisers war während der langen Regierungszeit des Augustus mit großer Machtfülle ausgestattet und sogar in den Götterstand erhoben worden. Dies ging auch in Ordnung, da sowohl Augustus als auch Tiberius besonnen mit ihrer Macht umzugehen wussten.

Caligula war jedoch als Herrscher gänzlich ungeeignet und gilt als der erste dem sprichwörtlichen „Cäsarenwahnsinn" verfallene römische Kaiser. Er glaubte tatsächlich an die eigene Göttlichkeit, war sadistisch veranlagt, litt unter Verschwendungssucht und hatte eine Neigung zum Verfolgungswahn. Nachdem er die Staatskasse fast vollständig ruiniert hatte, begann er damit, willkürlich wohlhabende Römer verhaften oder umbringen zu lassen, um ihr Vermögen einzuziehen.

Diesem Treiben wurde schließlich von Caligulas Leibwache Einhalt geboten, die ihn als Zuschauer bei einem Wagenrennen fast unbemerkt erdolchte.

Nach der Ermordung Caligulas rief die Palastwache unverzüglich *Claudius*, einen Onkel Caligulas, zum neuen Kaiser aus, der von dem vor vollendete Tatsachen gestellten Senat akzeptiert wurde.

Claudius, 41 bis 54 n. Chr.:

Claudius war keine Heldengestalt. Er hinkte, stotterte und galt am Kaiserhof als geistig minderbemittelt, was er aber tatsächlich nicht war.

Claudius nahm die Herausforderung der Kaiserwürde gewissenhaft an, konnte sich trotz seiner körperlichen Gebrechen politisch durchsetzen und brachte die Staatsfinanzen wieder in Ordnung.

Claudius hatte keinerlei militärische Kenntnisse, konnte sich aber auf seine Heeresführer verlassen. In die Regierungszeit von Claudius fällt die Eroberung Britanniens als nördlichste Provinz des Römischen Reiches.

Zum Verderben wurden Claudius schließlich seine vier Ehefrauen, von denen die eine noch intriganter und machtbesessener als die andere gewesen sein soll. Kurz nachdem *Agrippina*, seine letzte Ehefrau, ihn dazu gebracht hatte, *Nero*, ihren Sohn aus einer vorangegangenen Ehe, zum Nachfolger zu bestimmen, wurde Claudius von ihr vergiftet.

Nero, 54 bis 68 n. Chr.:

Nero war bei Amtsantritt erst 17 Jahre alt. Seine Regierungszeit begann recht verheißungsvoll, da er sich von seinen Lehrern, allen voran der Philosoph *Seneca,* leiten ließ. Mit zunehmendem Alter entglitt Nero jedoch dem Einfluss Senecas und entwickelte sich ähnlich wie Caligula - verschwenderisch, grausam und größenwahnsinnig.

Als besonderes Ereignis während der Herrschaft Neros ist der große Brand Roms im Jahre 64 n. Chr. zu nennen, der rund drei Viertel der Stadt in Schutt und Asche legte.

Die Brandursache ist bis heute ungeklärt. Nero geriet jedoch in den Verdacht der Brandstiftung, da er sich nach dem Feuer erfreut darüber zeigte, Rom nun nach seinen eigenen Vorstellungen neu gestalten und mit ihn rühmenden Prachtbauten versehen zu können.

Nero brauchte jetzt einen Sündenbock und ließ das Gerücht streuen, die neue Religionsgemeinschaft der Christen habe den Brand gelegt. Es folgte eine systematische Christenverfolgung mit willkürlichen Verhaftungen und Hinrichtungen.

Vier Jahre nach dem Brand von Rom endete die Herrschaft Neros damit, dass er vom Senat wegen seiner übermäßigen Verschwendungssucht zum Staatsfeind und für vogelfrei erklärt wurde. Nero beging daraufhin Selbstmord.

Mit dem Tode Neros endete die Dynastie des Julisch-Claudischen Kaiserhauses.

Das Vierkaiserjahr, 68 bis 69 n. Chr.:

Nach dem Ende Neros folgte ein Jahr der Verwirrung, in dem mehrere Legionen versuchten, ihre jeweiligen Kommandanten als Kaiser durchzusetzen.

Auf Nero folgte erst *Galba*, dann *Otho*, dann *Vitellius* und schließlich *Flavius Vespasianus*.

Vespasianus konnte sich am Ende behaupten und gründete die Dynastie der *Flavier*.

Die Dynastie der Flavier, 69 bis 96 n. Chr.:

Einleitung:

Die Dynastie der Flavier bestand aus *Flavius Vespasianus* und seinen beiden Söhnen, *Titus* und *Domitianus*. Die „Pax Romana“ sollte sich unter den Flaviern und den ihnen nachfolgenden „Adoptivkaisern“ noch für knapp 100 Jahre fortsetzen.

Flavius Vespasianus, 69 bis 79 n. Chr.:

Flavius Vespasianus entstammte einer bürgerlichen Familie und hatte sowohl als Feldherr als auch als Verwaltungsbeamter hohes Ansehen erlangt. Bei seinem Amtsantritt beendete er sofort die sinnlose Verschwendung seines Vorgängers Nero und übte das Kaiseramt aus, ohne sich persönlich am Staatseigentum zu bereichern. Wie schon vor ihm Kaiser Augustus handelte er nicht eigenmächtig sondern bezog den Senat in seine Entscheidungen mit ein. Mit einer Steuerreform erhöhte er die Einnahmen des Staates.

Zum Beginn der Regierungszeit Vespasians brach in Palästina mit einer Revolte der Juden gegen die Besatzungsmacht der größte Volksaufstand, den eine römische Provinz bis dahin gesehen hatte, aus. Unter der militärischen Führung seines Sohnes Titus ließ Vespasianus den Aufstand blutig niederschlagen. Nach knapp sechs Monaten Belagerung nahm Titus Jerusalem ein und ließ die Stadt einschließlich des höchsten jüdischen Heiligtums, des Tempels Salomons auf dem Tempelberg, zerstören. Nur die heute als „Klagemauer“ bekannte Westmauer des Tempels ist erhalten geblieben. Etwa eine Million Menschen sollen bei diesem Aufstand ums Leben gekommen sein.

Nach einer zehnjährigen Amtszeit starb Flavius Vespasianus im Alter von 69 Jahren und übergab seinem Sohn Titus ein militärisch und innenpolitisch gefestigtes Reich.

Ein persönliches Denkmal setzte sich Vespasianus mit dem Bau des heute „Colosseum“ genannten Amphitheatrum Flavium. Dieses in der Antike nicht für die Aufführung von Theaterstücken sondern ausschließlich für Gladiatorenkämpfe und Tierhetzen genutzte Bauwerk bot bis zu 50.000 Zuschauern Platz. Das Colosseum ist fast vollständig erhalten und wird heute u. a. als Bühne für Freiluftkonzerte genutzt. Man geht davon aus, dass das fehlende Stück in der Außenmauer nicht durch Baufälligkeit eingestürzt ist, sondern dass das Colosseum im Mittelalter als Steinbruch missbraucht worden ist.

Titus, 79 bis 81 n. Chr.:

Titus war bisher nur als zwar erfolgreicher aber rücksichtsloser und grausamer Feldherr in Erscheinung getreten. Während seiner kurzen Regentschaft entwickelte er sich jedoch zu einem gütigen und umsichtigen Herrscher und würdigem Nachfolger seines Vaters Vespasianus. Nachfolger von Titus wurde sein Bruder Domitianus.

Ein Denkmal wurde Titus durch die Natur gesetzt, denn während seiner Amtszeit kam es zu dem bisher größten Ausbruch aller Zeiten des Vulkans Vesuv, der u. a. die Städte Pompei und Herculaneum unter seinen Lavamassen verschüttete. Anhand der wieder ausgegrabenen Großstadt Pompei und des kleineren, aber noch besser erhaltenen Herculaneum können wir uns heute ein sehr gutes Bild vom städtischen Alltagsleben im Römischen Reich verschaffen.

Domitianus, 81 bis 96 n. Chr.:

In die Amtszeit Domitians fällt die schon unter Vespasianus begonnene Eroberung des Südwestens von Deutschland bis etwa zu einer Linie Bonn / Regensburg (Castra Bonnensia / Castra Regina). Da die Außengrenze der neuen Provinz nicht durch natürliche Gegebenheiten, wie Flüsse oder Gebirge gesichert wurde, begannen die Römer noch unter Domitianus mit dem Bau von Befestigungsanlagen, die heute als „Obergermanisch-Raetischer Limes“ oder einfach „Limes“ bezeichnet werden, (lat. „limes“ bedeutet „Grenzweg“ oder „Schneise“). Der Limes bestand in seiner ersten Ausbaustufe aus etwa zehn Meter hohen Wachtürmen, die Sichtverbindung zueinander hatten. Die Wachtürme wurden später durch Gräben, Wälle, Palisadenzäune oder Steinmauern miteinander verbunden. Im Hinterland wurden im Abstand von jeweils etwa zehn Kilometern Kasernen errichtet, aus denen die Legionäre ausrücken konnten, wenn von einem der Wachtürme heranrückende Feinde gesichtet wurden. Die Aufgabe des Limes bestand jedoch nicht nur darin, das Hinterland gegen Angriffe der Germanen abzusichern. In Friedenszeiten war der Limes vielmehr eine überwachte Wirtschaftsgrenze mit Übergängen an den Wachtürmen. Germanen in kleinen Gruppen aus den Gebieten jenseits des Limes waren als Besucher im Römischen Reich ausdrücklich willkommen, um hier Handel zu treiben. Sie mussten jedoch bei den Grenzposten ihre Waffen abgeben und sich registrieren lassen. Durch den regen Handel kam die neue römische Provinz zu Reichtum, womit sich der hohe Instandhaltungs- und Personalaufwand für den Limes wirtschaftlich rechtfertigen ließ.

Der Limes ist heute weitgehend verfallen und auf den ersten Blick kaum zu erkennen. Er wurde jedoch in der Gegenwart an einigen Stellen nachgebaut. Die Saalburg bei Frankfurt am Main ist der wohl bedeutendste Rekonstruktionsversuch eines Römerkastells.

In der Innenpolitik war Domitianus wie Vespasianus und Titus ein besonnen handelnder Verwalter des Staates. Im Gegensatz zu seinen beiden Vorgängern war er jedoch nach Aussage damaliger Schriftsteller und Historiker (*Suetonius* und *Tacitus*) ein menschlich unangenehmer Charakter; überheblich, herrschsüchtig und übertrieben misstrauisch. Außerdem lag er mit dem Senat in Dauerstreit, da er versuchte, dessen Machtbefugnisse zu beschneiden. Schließlich fiel er im Jahre 96 n. Chr. einer Hofintrige zum Opfer.

Nach der Ermordung Domitians riss der Senat unverzüglich die Macht an sich und rief sein ranghöchstes Mitglied, den Juristen *Nerva*, zum Kaiser aus. Damit war die Dynastie der Flavier erloschen.

Das Zeitalter der Adoptivkaiser, 96 bis 192 n. Chr.:

Einleitung:

Die nächsten vier römischen Kaiser waren entweder kinderlos oder hinterließen zumindest keine männlichen Nachkommen. Im fortgeschrittenen Alter adoptierten sie deshalb jeweils den ihrer Meinung nach tüchtigsten jüngeren Mann im Römischen Reich und bereiteten ihn gezielt auf die Übernahme der Kaiserwürde vor.

Nerva, 96 bis 98 n. Chr.:

Nerva war schon bei Amtsantritt alt und kränklich und hielt sich selbst für eine Übergangslösung als Kaiser. Da er der Meinung war, dass ein römischer Kaiser im Gegensatz zu ihm selbst unbedingt militärische Fähigkeiten haben müsse, erwählte er mit Zustimmung des Senats den Feldherrn *Traianus* zu seinem Nachfolger. Bemerkenswert ist, dass mit Traianus zum ersten Mal in der römischen Geschichte ein Nicht-Italiener römischer Kaiser werden sollte. Traianus war iberischer Abstammung.

Traianus, 98 bis 117 n. Chr.:

Mit der Eroberung Dakiens (liegt im heutigen Rumänien) erreichte das Römische Reich unter Traianus seine größte Ausdehnung. In seinen Grenzen lebten damals ca. 70 bis 100 Millionen Menschen.

Im Gegensatz zu den Herrschern früherer, vergleichsweise kurzlebiger Großreiche war es den Römern stets gelungen, neu eroberte Gebiete in das bestehende Reich zu integrieren. Von der Urbevölkerung einer eroberten Provinz wurde einerseits erwartet, dass sie die Sitten und Gebräuche der Eroberer übernahm. Im Gegenzug behandelten die Römer die Angehörigen anderer Volksgruppen grundsätzlich vorurteilsfrei. Integrationswillige Nichtrömer hatten berechtigte Chancen, die römischen Staatsbürgerrechte verliehen zu bekommen und konnten dann, wie im Falle Trajans, sogar Römischer Kaiser werden.

Nachfolger von Traianus wurde sein Adoptivsohn *Hadrianus*.

Hadrianus, 117 bis 138 n. Chr.:

Mit Hadrianus kam ein Philosoph und Schöngeist auf den Kaiserthron, der jedoch nicht den Blick für die Realität verlor.

Der Schwerpunkt von Hadrians Herrschaft bestand darin, sich für eine Angleichung des Lebensstandards in den Provinzen an den Italiens einzusetzen. In den ersten Jahren seiner Regierungszeit bereiste Kaiser Hadrianus alle Provinzen des Römischen Reiches, um sich ein Bild von der jeweiligen Lage vor Ort zu machen und gezielt notwendige Investitionen des Staates z. B. in Straßen, Schulen und andere öffentliche Bauten zu veranlassen.

Neben den Investitionen in zivile Bereiche vernachlässigte Hadrianus jedoch niemals die Ausgaben für militärische Zwecke, wobei es ihm nicht darum ging, neue Provinzen für das Römische Reich zu erobern, sondern die Außengrenzen weiter abzusichern.

Während seiner Regierungszeit wurde der Ausbau des Obergermanisch-Raetischen Limes abgeschlossen. Außerdem ließ er einen Schutzwall im Norden Britanniens, den sogenannten Hadrianswall, zur Abwehr der Pikten und anderer schottischer Volksstämme aus dem Norden errichten. Der Hadrianswall verlief in Höhe der heutigen Stadt Newcastle auf einer Länge von 113 km einmal quer von der Ostküste zur Westküste Britanniens und ist an einigen Stellen bis zum heutigen Tage noch gut erhalten.

Der bekannteste Prunkbau aus der Zeit Hadrians ist das vollständig erhaltene und heute „Engelsburg“ genannte Mausoleum, das sich der Kaiser am rechten Tiberufer errichten ließ. Im Mittelalter wurde das Hadriansmausoleum zur Festung ausgebaut und diente den Päpsten bei herannahenden Feinden als Fluchtburg.

Nachfolger Hadrians wurde sein Adoptivsohn *Antoninus Pius*.

Antoninus Pius, 138 bis 161 n. Chr.:

Antoninus Pius führte das Werk seines großen Vorgängers Hadrianus gewissenhaft fort, ohne jedoch eigene Schwerpunkte in seiner langen Regierungszeit zu setzen oder Visionen für die Fortentwicklung des Römischen Reiches zu haben. Das war allerdings auch gar nicht nötig, da es Mitte des zweiten Jahrhunderts n. Chr. für die Römer keinerlei Herausforderungen gab, die es zu bestehen galt. Die Außengrenzen des Reiches waren von der größten und am besten organisierten und ausgerüsteten Armee der Welt abgesichert. Im Innern hatte die Bevölkerung zumindest in den Städten einen Lebensstandard, wie er in Mitteleuropa erst Ende des 19. Jahrhunderts wieder erreicht wurde. Allen Teilen der Bevölkerung stand sauberes Trinkwasser zur Verfügung, und es herrschte kein Hunger. Bedürftige erhielten kostenlos Nahrungsmittel vom Staat.

Die römische Oberschicht hatte praktisch eine Lebensqualität wie heute. Sie lebte in großzügig gebauten Häusern aus Stein, ausgestattet mit fließend warm und kalt Wasser sowie Fußbodenheizung. Zeitaufwendige Hausarbeiten wurden von Sklaven verrichtet. Der Wohnkomfort wurde vollkommen, als die Römer im ersten Jahrhundert n. Chr. das Fensterglas erfanden.

Nachfolger von Antoninus Pius wurden die von ihm adoptierten Brüder *Marcus Aurelius* und *Verus*.

Marcus Aurelius, 161 bis 180 und Verus, 161 bis 169 n. Chr.:

Das Römische Reich wurde zunächst einträchtig von den beiden Brüdern gemeinsam und nach dem frühen Tod des Verus von Marcus Aurelius allein regiert.

Unmittelbar nach dem Tod des Antoninus Pius endete die Pax Romana. An der gesamten Nordostgrenze des Römischen Reiches, also von der Rheinmündung in die Nordsee bis zur Donaumündung ins Schwarze Meer, begannen germanische und slawische Stämme, an ständig wechselnden Stellen die Römer zu bedrängen. Das war der Beginn der großen Völkerwanderung, in deren Verlauf die Römer bis zum Ende des sechsten Jahrhunderts n. Chr. alle ihre Besitzungen in West- und Mitteleuropa bis auf Süditalien und den Südosten von Spanien an neu gegründete Germanenreiche verlieren sollten.

Zunächst war das Römische Reich aber noch stark genug, sämtliche Angriffe der Germanen und Slawen abzuwehren.

Kaiser Marcus Aurelius musste jedoch fast während seiner gesamten Amtszeit ungewollt und unerwartet Krieg führen.

Die Ursachen für die Völkerwanderung sind bis heute nicht geklärt. Es ist bekannt, dass sich im ersten Jahrhundert n. Chr. die Hunnen, ein mongolischer Volksstamm, auf den Weg gen Westen begeben haben. Die Vermutung, dass sie bei ihrer Ankunft in Europa die Slawen vor sich hergetrieben haben, die dann ihrerseits die Germanen bedrängt haben, liegt zwar nah, ist aber nicht belegt.

Nachfolger von Marcus Aurelius wurde sein leiblicher Sohn *Commodus*.

Commodus, 180 bis 192 n. Chr.:

Commodus war als Kaiser gänzlich ungeeignet. Er führte ein ausschweifendes Leben und interessierte sich nicht für die Staatsgeschäfte. Er wurde schließlich ermordet.

Nach einigen Monaten innerer Unruhen und Machtkämpfe konnte sich schließlich der aus der Provinz Africa stammende Feldherr *Septimius Severus* als neuer Kaiser durchsetzen.

Teil III

193 bis 867 n. Chr.

Einleitung:

Teil III dieses Buches beschreibt eine über 600 Jahre währende Phase des Niederganges des Römischen Reiches. Dieser Niedergang bestand nicht nur in allmählichen Gebietsverlusten, sondern auch in schwindender Wirtschaftskraft und kultureller Bedeutung im Vergleich mit neu gegründeten Staaten. Im 7. Jahrhundert n. Chr. verlor das Römische Reich, (das zu diesem Zeitpunkt in der neuzeitlichen Geschichtsschreibung im Allgemeinen bereits „Byzantinisches Reich" genannt wird), seine Vormachtstellung im vorderen Orient und in Nordafrika an die Araber und spätestens im Jahre 800 mit der Krönung *Karls des Großen* zum Kaiser durch den Papst seine Vormachtstellung in Europa an das Frankenreich bzw. übergeordnet an die katholische Kirche.

Das Zeitalter der Soldatenkaiser, 193 bis 284 n. Chr.:

Diese Epoche erhielt ihren Namen auf Grund der Tatsache, dass sämtliche Kaiser von der Armee ausgerufen wurden, ohne dass der Senat ein Mitspracherecht gehabt hätte.

Septimius Severus, 193 bis 211 n. Chr., der erste sogenannte Soldatenkaiser, wäre in den friedlichen Zeiten bis zur Mitte des zweiten Jahrhunderts n. Chr. wahrscheinlich als „guter Kaiser" in die Geschichte eingegangen. Er war sparsam und reformierte die Verwaltung und Rechtsprechung. Als Feldherr wehrte er weiterhin erfolgreich die Angriffe der Germanen und Slawen ab. Ein Konzept zur dauerhaften Befriedung der Angreifer hatte er jedoch wie schon sein großer Vorgänger Marcus Aurelius ebenfalls nicht. Als Septimius Severus im Jahre 211 n. Chr. starb, dauerte der Krieg an der Nordostgrenze des Römischen Reiches schon rund 50 Jahre. Auch wenn die Barbaren immer wieder erfolgreich zurückgeschlagen werden konnten, so drangen sie doch immer häufiger und mit jedem Angriff tiefer in römisches Kulturland vor. Dieser Zustand belastete zunehmend die Staatskasse und die Gesamtwirtschaft des Römischen Reiches.

Bis 284 n. Chr. folgten noch 25 mehr oder weniger unfähige Kaiser, die alle erst recht keine Idee hatten, wie die Germanen und Slawen dauerhaft befriedet werden könnten. Schließlich mussten die Römer Mitte des dritten Jahrhunderts n. Chr. ihre gesamten rechtsrheinischen Eroberungen aufgeben. Die vorrükkenden Germanen nahmen jetzt die verlassenen Landgüter der Römer in Besitz, konnten diese jedoch nicht sachgerecht bewirtschaften. So fiel die ehemalige römische Provinz Obergermanien allmählich wieder der Wildnis anheim. Das war der Beginn des mit dem Zerfall des Römischen Reiches einhergehenden wirtschaftlichen, technischen und kulturellen Rückschritts in Europa am Übergang von der Antike zum Mittelalter.

Diocletianus, 284 bis 305 n. Chr.:

Gegen Ende des dritten Jahrhunderts flauten die Angriffe der Barbaren ab. Der im Jahre 284 n. Chr. zum Kaiser ausgerufene Befehlshaber der kaiserlichen Palastwache, *Diocletianus,* nutzte die unverhoffte Ruhe zur Einleitung umfangreicher Reformen im Römischen Reich. Als wohl wichtigsten Schritt zu einer Dezentralisierung der gesamten zivilen und militärischen Verwaltung des Staates ernannte er schon kurz nach Amtsantritt seinen Jugendfreund *Maximianus*, den von ihm adoptierten *Galerius* und den von Maximianus adoptierten *Constantius* zu Mitkaisern. Die vier Männer sollten gleichberechtigt jeweils etwa ein Viertel des Staatsgebietes regieren, jedoch nicht von Rom aus, sondern bei hauptsächlichem Aufenthalt in den ihnen jeweils zugewiesenen Gebieten.

Die vier Reichsteile waren:

- Der Orient mit der Hauptstadt Nicomedia (Izmit) unter Diocletianus,
- Italien und Africa mit der Hauptstadt Mediolanum (Milano) unter Maximianus,
- Illyricum und Griechenland mit der Hauptstadt Sirmium (Sremska-Mitrovica) unter Galerius und

- Hispanien, Gallien und Britannien mit der Hauptstadt Treveris (Trier) unter Constantius.

In einem nächsten Schritt erhöhte Diocletianus die Anzahl der Provinzen und vergleichmäßigte deren Größen.

Der Erfolg gab den Herrschafts- und Gebietsreformen Diocletians Recht. Die Verwaltung und vor allem die Militärführung wurden effektiver, so dass in den kommenden Jahrzehnten alle feindlichen Angriffe noch vor den Grenzen des Römischen Reiches zurückgeschlagen werden konnten.

Im Jahre 305 n. Chr., also 20 Jahre nach Begründung der sogenannten Tetrarchie (Viererherrschaft) dankten Diocletianus und Maximianus wie geplant ab. Ihre Adoptivsöhne Galerius und Constantius blieben im Amt und ernannten zwei neue Mitkaiser.

Die zweite Tetrarchie bestand erst ein Jahr, als Constantius starb, woraufhin die in Britannien stationierten Legionen *Constantinus*, ihren Anführer und Sohn des Constantius, zum Kaiser erhoben.

Constantinus, 306 bis 337 n. Chr.:

Constantins Aufstieg zur Alleinherrschaft:

Constantinus hielt nichts von einer Tetrarchie und strebte nach der Alleinherrschaft. In der Schlacht an der Milvischen Brücke nördlich von Rom im Jahre 312 n. Chr. besiegte er zunächst *Maxentius*, seinen Rivalen im Westen, und konnte sich bis 324 n. Chr. auch im Osten des Reiches als alleiniger Kaiser durchsetzen.

Byzantium wird neue Hauptstadt des Römischen Reiches:

Nachdem bereits Kaiser Diocletianus im Zuge seines Dezentralisierungsprojektes Rom aus praktischen Erwägungen als Hauptstadt in Frage gestellt hatte, beschloss Kaiser Constantinus, als er 324 n. Chr. die Alleinherrschaft erlangt hatte, wohl hauptsächlich zu seinem eigenen Ruhme, die Stadt Byzantium am Bosporus zur neuen Hauptstadt des Römischen Reiches ausbauen zu lassen. Im Jahre 330 n. Chr. bezog er die neue Residenz, die fortan „Constantinopolis" hieß. Von dort herrschte er noch sieben Jahre über das Römische Reich, bis er im Jahre 337 n. Chr. starb.

Constantins Bekenntnis zum Christentum:

Die weltgeschichtliche Bedeutung Kaiser Constantins bestand darin, dass er im Jahre 313 n. Chr. das Christentum legalisierte und sich selbst zu dieser Religion bekannte. Die seit den Zeiten Neros mehr oder weniger intensiv betriebene Verfolgung der Christen als Verbrecher war damit für immer beendet.

Mit der Legalisierung des Christentums veränderte Constantinus letztendlich die Werteordnung des Römischen Reiches, denn christliche Tugenden, wie Gewaltfreiheit, Nächstenliebe und Barmherzigkeit passten bisher nicht in das Weltbild der römischen Staatsführung, was der Hauptgrund für die Kriminalisierung des Christentums war.

Die bisherige Staatsreligion des Römischen Reiches, der Glaube an die olympischen Götter, war tatsächlich nur ein Aberglaube, der das Denken und Handeln der Menschen nur wenig beeinflusste. Die olympischen Götter waren zwar teilweise gefürchtet, und es wurde versucht, sie durch Opfer gnädig zu stimmen. Sie waren jedoch mit menschlichen Charakteren versehen, einschließlich aller schlechten Eigenschaften, wie Neid, Missgunst und Kleinlichkeit, bis hin zu ehelichen Seitensprüngen. Die olympischen Götter hatten deshalb keinerlei Vorbildfunktion und wurden von niemandem bewundert. Die römische Gesellschaft war genaugenommen eine gottlose Gesellschaft, deren Vorbilder einzig und allein materiell erfolgreiche Menschen waren.

Trotz Verfolgung war es der römischen Obrigkeit nicht gelungen, die Ausbreitung des Christentums zu verhindern. Hierfür gab es drei wichtige Gründe:

1.) Die neuartigen christlichen Tugenden und die Möglichkeit, in größeren Gruppen einen Gott mit Vorbildfunktion anbeten zu können, hatten für viele Menschen eine große Anziehungskraft.

2.) Das Bekenntnis zum Christentum stand nach dem Selbstverständnis dieser Religionsgemeinschaft jedem Menschen, unabhängig von seiner Herkunft und von seinem Stand in der Gesellschaft, offen. Während Jesus zunächst nur als Reformator des Judentums aufgetreten war, so beschlossen seine Jünger unter Führung von *Simon Petrus* auf dem Konzil von Jerusalem etwa um das Jahr 50 n. Chr. ausdrücklich, auch Nicht-Juden in die Christengemeinschaft aufzunehmen. Damit entwickelte sich das Christentum von einer jüdischen Sekte zu einer neuen Religion. Der Beschluss, auch Nicht-Juden in die christliche Gemeinschaft aufzunehmen, ist in der Apostelgeschichte des Neuen Testaments an dem (historisch nicht belegten) Beispiel der Taufe des *Cornelius von Caesarea*, einem römischen Soldaten, durch Simon Petrus beschrieben.

3.) Schließlich ist die schnelle Ausbreitung des Christentums auf die Persönlichkeit und das Organisationstalent des Apostels *Paulus* zurückzuführen. Paulus hieß mit bürgerlichem Namen „Saul" und war ein begüterter und gebildeter Jude aus der Stadt Tarsus, der die römische Staatsbürgerschaft besaß. Paulus ist Jesus nicht persönlich begegnet. Der Legende nach wurde er durch eine Vision zum Christentum bekehrt und entwickelte sich danach zum erfolgreichsten Missionar aller Zeiten. Er gründete Gemeinden im gesamten vorderen Orient, in Griechenland, in Spanien und schließlich in Rom. Seine Missionsreisen wurden insbesondere deshalb erfolgreich, weil er mit jeder neu gegründeten Gemeinde in ständigem Briefkontakt blieb. Viele dieser Briefe sind erhalten geblieben und sind heute die entscheidenden geschichtlichen Belege für das Wirken des Apostels Paulus. Einige Paulus-Briefe sind Bestandteil des Neuen Testaments.

Es gibt keine gesicherten Erkenntnisse über den Anteil der Christen an der Gesamtbevölkerung des Römischen Reiches bis zur Herrschaft Constantins. Die heidnischen Götter haben aber wohl schnell an Bedeutung verloren, denn als Kaiser *Theodosius* das Christentum Ende des vierten Jahrhunderts zur Staatsreligion erhob und alle heidnischen Tempel schließen ließ, nahm daran niemand ernsthaft Anstoß.

Mit der Aufwertung des Christentums kam es zu Veränderungen in der Gesetzgebung und Rechtsprechung im Geiste dieser Religion. Sklaven waren als Menschen anzusehen und deren zulässige Bestrafungen sowie der Handel mit Kindern wurden gesetzlich eingeschränkt. Schließlich wurden die in der römischen Bevölkerung bisher so beliebten Gladiatorenkämpfe abgeschafft.

Mit der Herrschaft Constantins hatte die Verwandlung des Römischen Reiches von einer antiken Großmacht, in der die Religion eine untergeordnete Rolle spielte, zu einem mittelalterlichen Staat, dessen Politik durch das Christentum mitgestaltet wird, begonnen. Wegen dieses einsetzenden Wandels, der praktisch zeitgleich mit der Verlegung der Hauptstadtfunktion von Rom nach Byzantium erfolgte, sprechen einige Historiker bereits seit Constantinus nicht mehr vom Römischen, sondern vom Byzantinischen Reich.

Rückblick auf die Herrschaft Constantins:

Constantinus hat durch seine ausgleichende Haltung die Gegensätze in den Glaubensbekenntnissen der Bevölkerung überbrückt und damit einen wichtigen Beitrag zum inneren Frieden im Römischen Reich geleistet. Darüber hinaus hat er die Kirche von einem Gegner zu einer Stütze des Staates gemacht.

Seine Verlegung der Hauptstadtfunktion von Rom nach Byzantium muss eher kritisch bewertet werden, denn Italien und vor allem die Stadt Rom verloren dadurch an Bedeutung, Wirtschaftskraft und Einwohnerzahl. Außerdem verschlang der Bau der neuen Hauptstadt Unsummen an Staatsgeldern, die wohl besser in den Verteidigungshaushalt geflossen wären, was der Fortgang der Geschichte des Römischen Reiches zeigen sollte.

Die Nachfolger Constantins, 337 bis 395 n. Chr.:

Die Dynastie Constantins, 337 bis 363 n. Chr.:

Die Herrschaft über das Römische Reich teilten sich nach Constantins Tod zunächst seine Söhne *Constantinus II.*, *Constantius* und *Constans*, von denen sich nach kurzer Zeit Constantius als Alleinherrscher durchsetzen konnte.

Gegen Mitte des vierten Jahrhunderts verstärkten sich die Angriffe der Germanen wieder, bis zeitweilig ganz Nordgallien von Alemannen und Franken erobert und damit auch die Versorgungswege nach Britannien unterbrochen waren. Kaiser Constantius setzte daraufhin seinen Vetter *Iulianus* als Mitregenten und Oberbefehlshaber über die im Westen des Römischen Reiches stationierten Legionen ein. Iulianus gelang es schließlich, die Barbaren aus Gallien zurückzudrängen.

Als Kaiser Constantius 361 n. Chr. starb, wurde Iulianus sein Nachfolger und damit zum letzten sich noch zum Glauben an die heidnischen Götter bekennenden römischen Kaiser. Iulianus fiel zwei Jahre später in einer Schlacht an der Ostgrenze des Reiches. Damit war die Dynastie Constantins erloschen.

Die Katastrophe von Hadrianopolis, 378 n. Chr.:

Im Jahre 378 n. Chr. überquerten die Westgoten die untere Donau und drangen bis nach Thrakien vor. Dort stellte sich ihnen bei Hadrianopolis, dem heutigen Edirne, eine etwa 40.000 Mann starke Armee der Römer unter Führung von Kaiser *Valens* entgegen und wurde von den Westgoten vernichtend geschlagen. Auch Kaiser Valens fiel in dieser Schlacht.

Theodosius, 379 bis 395 n. Chr.:

Kaiser *Theodosius*, der Nachfolger von Valens, war jetzt gezwungen, aus einer Position der Schwäche mit den Westgoten Frieden zu schließen. Am Ende der Verhandlungen wurden den Westgoten unter weitgehender Autonomie Ländereien im Norden des Balkans überlassen, ohne dass die Römer die Möglichkeit gehabt hätten, die Zuwanderung weiterer Westgoten aus ihren ursprünglichen Wohngebieten nördlich der Donau zu unterbinden. Die Westgoten stellten jetzt eine unberechenbare Gefahr für die Zukunft des Römischen Reiches dar, denn von ihren neuen Siedlungsgebieten, die nicht von natürlichen Gegebenheiten wie Flüssen oder Gebirgen begrenzt wurden, konnten sie problemlos zu Raubzügen in römisches Kulturland aufbrechen. Nur der geschickten Diplomatie des Kaisers Theodosius war es zu verdanken, dass die Westgoten im Zaume gehalten werden konnten und sich sogar aktiv an der Sicherung der Außengrenzen des Römischen Reiches beteiligten.

Im Jahre 395 n. Chr. starb Kaiser Theodosius und hinterließ das Römische Reich seinen beiden Söhnen *Arcadius* und *Honorius*.

Die Reichsspaltung und das Ende des Weströmischen Reiches, 395 bis 476 n. Chr.:

Einleitung:

Nach dem Willen von Theodosius erhielt Arcadius, 395 bis 408 n. Chr., das Oströmische Reich, bestehend aus Griechenland, dem südlichen Illyricum, dem Orient und Ägypten, und Honorius, 395 bis 423 n. Chr., das Weströmische Reich, bestehend aus Italien, dem nördlichen Illyricum, dem westlichen Afrika, Hispanien, Gallien und Britannien, zugesprochen.

Die Reichsteilung war jetzt endgültig. Formal gab es zwar weiterhin nur ein Römisches Reich, das von zwei Kaisern regiert wurde. Tatsächlich aber entwickelten sich die beiden Reichsteile immer weiter auseinander und gewährten sich vor Allem keine gegenseitige militärische Unterstützung.

Die Zeit vom Ende des vierten bis zum Ende des fünften Jahrhunderts n. Chr. war gekennzeichnet durch ein völliges Versagen des römischen Militärs, sowohl hinsichtlich der Führung als auch hinsichtlich des Kampfgeistes der Legionäre. Die Ursachen für dieses Versagen sind bis heute rätselhaft geblieben. Es wird von einer allgemeinen Verweichlichung der Römer ausgegangen. Auch könnte die Römer die vernichtende Niederlage in der Schlacht von Hadrianopolis (378 n. Chr.) nach einem nun schon seit dem

Ende des zweiten Jahrhunderts andauernden Abwehrkampf gegen die Germanen entmutigt haben. Schließlich wird dem Christentum mit seiner Lehre von der Gewaltfreiheit eine Mitschuld an der verlorengegangenen Kampfmoral der Römer zugeschrieben.

So kam es, dass das Weströmische Reich im Jahre 476 n. Chr., also nur 81 Jahre nach seiner Gründung, unterging. Das Oströmische Reich überlebte dank des Umstandes, dass sich die Ströme der Völkerwanderung in dieser Zeit weitgehend auf Westeuropa zubewegten, und es sollte noch 1000 Jahre fortbestehen.

Das fünfte Jahrhundert n. Chr. hat lediglich zwei bemerkenswerte römische Feldherren, *Stilicho* und *Aetius*, hervorgebracht, unter denen noch einige Schlachten gewonnen wurden. Den Untergang des Weströmischen Reiches konnten sie jedoch nicht verhindern.

Der erste Angriff der Westgoten, 396 bis 403 n. Chr.:

Im Jahre 396 n. Chr., also nur ein Jahr nach dem Tod von Kaiser Theodosius, brachen die Westgoten unter Führung ihres Königs *Alarich* zu einem Raubzug von ihren Siedlungsgebieten auf dem nördlichen Balkan nach Süden bis zur Peloponnes auf. Dabei stießen sie praktisch auf keinerlei Widerstand, denn die Provinzen wurden von der Staatsführung in Constantinopolis schutzlos sich selbst überlassen.

Im nächsten Schritt wandte sich Alarich nach Westen und bewegte sich durch die Po-Ebene auf Mediolanum (Milano), dem Regierungssitz des Weströmischen Kaisers Honorius, zu. Erst da stellten die Römer ein großes Heer unter Führung des Feldherrn Stilicho auf, das die Westgoten auf den Balkan zurückdrängte.

Der Angriff der Ostgoten, 404 n. Chr.:

Nur zwei Jahre nach den Westgoten drangen die bis dahin noch nicht in Erscheinung getretenen Ostgoten unter Führung ihres Königs *Radagais* bis nach Norditalien vor. Auch dieser Angriff konnte unter der Führung von Stilicho noch einmal abgewehrt werden. Der Sitz des Kaiserhofes wurde jetzt in die, sicher in einer Sumpflandschaft gelegene, Kleinstadt Ravenna an der Adria verlegt.

Der Einfall der Germanen in Gallien, 406 bis 407 n. Chr.:

Im Winter 406 / 407 n. Chr. überquerte ein Völkergemisch, bestehend aus mehreren 10.000, möglicherweise sogar über 100.000 Vandalen, Alemannen und Sueben praktisch ungehindert den Rhein und zog durch Gallien weiter nach Hispanien, um sich dort niederzulassen. Damit hatte der Zusammenbruch des Weströmischen Reiches begonnen. Auch in den folgenden Jahrzehnten sollte Gallien immer wieder neuen Volksstämmen aus dem Osten als Durchzugs- oder Siedlungsgebiet dienen. Die Kultur der Römer sowie ihre Bauten und Infrastruktureinrichtungen wurden dabei in Gallien innerhalb kürzester Zeit zerstört.

Die Aufgabe Britanniens:

Ab dem Beginn des fünften Jahrhunderts n. Chr. wurde Britannien nach und nach sich selbst überlassen. Die letzte Legion wurde im Jahre 418 n. Chr. abgezogen. Die Bevölkerung Britanniens stellte zunächst aus eigenen Mitteln ein Söldnerheer zur Abwehr der Pikten aus den Gebieten nördlich des Hadrianswalls auf. Gegen Mitte des fünften Jahrhunderts landeten die nordgermanischen Jüten, Angeln und Sachsen an den Küsten Britanniens und nahmen die Insel in Besitz.

Der zweite Angriff der Westgoten, 410 n. Chr.:

Im Jahre 410 n. Chr. zogen die Westgoten unter Alarich erneut gegen Italien. Stilicho war zwei Jahre zuvor einer Hofintrige zum Opfer gefallen, und so stellte sich diesmal den Angreifern niemand mehr entgegen. Schließlich standen die Westgoten vor Rom und konnten die Stadt ungehindert plündern. Das war seit ziemlich genau 800 Jahren, seit der Plünderung Roms durch die Gallier ca. 390 v. Chr., keinem Angreifer mehr gelungen.

Kurze Zeit nach der Einnahme Roms starb König Alarich eines natürlichen Todes. Sein Nachfolger *Athaulf* ließ sich von den Römern dazu bewegen, Italien zu verlassen und nach Südwestgallien weiterzuziehen. Dort gründeten die Westgoten als Bundesgenossen der Römer einen eigenen Staat, in dem sie nach ihren eigenen Sitten und Bräuchen lebten. Das Westgotenreich dehnte sich in den folgenden Jahrzehnten noch fast über die gesamte iberische Halbinsel aus und sollte für die nächsten 300 Jahre Bestand haben.

Tod und Nachfolge des Kaisers Honorius:

Im Jahre 423 n. Chr. starb Kaiser Honorius nach einer langen und ruhmlosen Regentschaft. Nachfolger wurde sein erst fünfjähriger Neffe, der als *Valentinianus III.,* 423 bis 455 n. Chr., in die Geschichte einging. Für ihn übernahm zunächst seine Mutter *Galla Placidia*, Schwester des Honorius, die Vormundschaft.

Die Eroberung Nordafrikas durch die Vandalen:

Im Jahre 429 n. Chr. setzten die seit einigen Jahren auf der iberischen Halbinsel ansässigen Vandalen unter der Führung ihres Königs *Geiserich* nach Nordafrika über und begannen mit der Eroberung der letzten, bisher von der Völkerwanderung unberührt gebliebenen Provinz des Weströmischen Reiches. In den folgenden zwei Jahren drangen sie etwa bis zur heutigen algerisch/tunesischen Grenze vor, eroberten im Jahre 439 n. Chr. Carthago und erweiterten danach ihren Herrschaftsbereich bis an die Grenze des Oströmischen Reiches. Bei der Eroberung Nordafrikas gingen die Vandalen organisiert und strukturiert vor. Entgegen dem zu Unrecht sprichwörtlich gewordenen „Vandalismus“ wurde nichts mutwillig zerstört. Tatsächlich achteten die Vandalen das Privateigentum der römischen Zivilbevölkerung und nahmen deren Sitten und Bräuche an.

Die Hunnen:

Im Jahre 451 n. Chr. fielen die ursprünglich aus der Mongolei stammenden Hunnen unter Führung ihres Königs *Attila* in Gallien ein, und es folgten die letzten siegreichen Schlachten des Weströmischen Reiches vor seinem Untergang. Der römische Feldherr *Aetius* hatte durch Kundschafter Kenntnis von den herannahenden Hunnen erlangt und schloss rechtzeitig ein Bündnis mit den in Südwestgallien beheimateten Westgoten. Gemeinsam stellten sie sich bei Aurelianum (Orleans) den Hunnen entgegen und drängten sie zurück. Etwas weiter östlich, auf den Katalaunischen Feldern, wurden die Hunnen schließlich in die Flucht geschlagen.

Ein Jahr später drangen die Hunnen noch einmal plündernd nach Norditalien vor, um sich nach kurzer Zeit aus nicht bekannten Gründen zurückzuziehen. 453 n. Chr. starb Attila und das Hunnenreich zerfiel.

Im Jahre 454 n. Chr. fiel Aetius wie schon sein großer Vorgänger Stilicho einer Hofintrige zum Opfer, und ein Jahr später wurde auch Kaiser Valentinianus III. ermordet.

Die letzten 21 Jahre des Weströmischen Reiches und sein Untergang, 455 bis 476 n. Chr.:

Mitte des fünften Jahrhunderts hatten sich in Britannien, Gallien, Hispanien und Nordafrika mehrere Germanenreiche fest etabliert. Sie bekriegten sich in wechselnden Bündnissen entweder gegenseitig oder das Weströmische Reich, das inzwischen auf Italien und einige Reste von Gallien zusammengeschrumpft war, über viel zu wenig Legionäre und seit der Ermordung des Aetius auch über keine Militärführung mehr verfügte.

Die letzten Raubzüge der Germanen gegen das Weströmische Reich begannen im Jahre 455 n. Chr., nur 45 Jahre nach Alarich, mit einer weiteren Eroberung und Plünderung Roms, diesmal durch die Vandalen, und endeten mit dem Einmarsch der Skiren unter Führung ihres Königs *Odoaker* in Italien. Am 23. August 476 n. Chr. erklärte Odoaker den letzten Weströmischen Kaiser, der wie der legendäre Gründer des Römischen Reiches „Romulus" hieß, für abgesetzt und überließ ihm gegen den Thronverzicht eine gerade erbeutete Villa in Kampanien.

Friedliche Zeiten für die italienische Zivilbevölkerung unter germanischer Fremdherrschaft, 476 bis 535 n. Chr.:

Odoaker 476 bis 493 n. Chr.:

Den Skiren gelang es, in Italien einen stabilen Staat aufzubauen und seine Außengrenzen zunächst gegen Angreifer abzusichern. Da die Bevölkerungszahl Italiens durch die kriegerischen Auseinandersetzungen der vorangegangenen Jahrzehnte stark zurückgegangen war, fanden die neu eingewanderten Skiren genügend Raum für sich selbst. Beispielsweise verfügte die ehemalige Millionenstadt Rom Ende des fünften Jahrhunderts nur noch über etwa 100.000 Einwohner.

Die materiellen Schäden der vorangegangenen Kriege hatten sich in Grenzen gehalten, insbesondere deshalb, weil die Römer den germanischen Angreifern kaum Widerstand geleistet hatten. Die Gebäudesubstanz sowie das gut ausgebaute Straßen- und Wasserleitungsnetz Italiens waren weitgehend unversehrt geblieben.

Den römischen Bewohnern Italiens wurde ihre zivile Selbstverwaltung belassen und Privateigentum nicht angetastet. Alles in Allem blieb die antike Lebensstruktur in Italien erhalten. Somit stellte die unspektakuläre Absetzung des Kaisers Romulus durch Odoaker zwar formal das Ende des Weströmischen Reiches, nicht aber das Ende einer zeitgeschichtlichen Epoche dar.

Im Jahre 493 n. Chr. endete die Herrschaft Odoakers, als die Ostgoten unter Führung ihres Königs *Theoderich*, von ihren damaligen Siedlungsgebieten in Pannonien und im nördlichen Illyricum kommend, in Italien einfielen und die Skiren besiegten.

Theoderich, 474 bis 526 n. Chr.:

Theoderich war ein gebildeter Mensch, des Lesens, Schreibens und der lateinischen Sprache mächtig. Diese Kenntnisse hatte er sich in seiner Jugend angeeignet, als er einige Jahre als Geisel am oströmischen Kaiserhof verbracht hatte.

Wie schon die Skiren, so ließen auch die Ostgoten das Privateigentum der römischen Zivilbevölkerung unangetastet. Während sich jedoch Odoaker noch mit der Existenz von zwei Parallelgesellschaften begnügte, gingen die Pläne Theoderichs weiter. Er strebte eine Einheitsgesellschaft aller Bewohner Italiens, in der sich die Körperkraft der Germanen und die geistige und technische Überlegenheit der Römer gegenseitig ergänzten, an. Er förderte gezielt das Zusammenleben und die Zusammenarbeit der germanischen Bevölkerungsminderheit mit der römischen Bevölkerungsmehrheit und erzielte während seiner langen Regierungszeit mit diesem Projekt zumindest in den oberen Bevölkerungsschichten Erfolg. Sein wichtigster Mitarbeiter für alle zivilen Belange des Staates war der römische Senator *Cassiodorus*.

Die Nachfolger Theoderichs setzten die Politik ihres großen Vorgängers zunächst fort, bis im Jahre 535 n. Chr. der Gotenkrieg mit dem Angriff des Oströmischen Reiches auf Italien begann.

Kulturelle Leistungen vom Ende des vierten bis zum Beginn des sechsten Jahrhunderts n. Chr.:

Einleitung:

Trotz der zahlreichen Kriege, wirtschaftlichem Rückschritt und sinkendem Lebensstandard wurden in der Zeit vom Ende des vierten bis zum Beginn des sechsten Jahrhunderts im Römischen Reich und in seinen germanischen Nachfolgestaaten beachtliche schriftstellerische, architektonische und künstlerische Leistungen vollbracht. Sie dienten alle dem Ruhme und der Verbreitung des Christentums und wirken bis in unsere Zeit nach.

Schriftstellerische Leistungen:

Wulfila:

Wulfila, geb. um 311; gest. 383 n. Chr., auch *Ulfilas* genannt, war ein Bischoff, Gelehrter und Missionar gotischer Abstammung. Sein bedeutendstes Werk war die Übersetzung des Neuen Testamentes in die gotische Sprache, die Wulfila-Bibel. Da die Goten bis dahin, von einigen Runen abgesehen, praktisch schriftlos waren, entwickelte Wulfila eine aus dem Griechischen entlehnte gotische Schrift. Mit seiner Bibelübersetzung hat Wulfila nicht nur einen wichtigen Beitrag zur Christianisierung sondern auch zur Alphabetisierung der Germanen geleistet. Die Wulfila-Bibel ist weitgehend erhalten geblieben und so für Sprachwissenschaftler zum Schlüssel zur gotischen Sprache geworden.

Hieronymus:
Hieronymus, geb. 347; gest. 420 n. Chr., war ein Sprachwissenschaftler und Theologe. Sein bedeutendstes Werk ist die Übersetzung der gesamten Bibel aus dem Hebräischen und Griechischen in ein Latein, das dem gesprochenen Wort entsprach. Diese „Vulgata“[2)] genannte Bibelübersetzung ist bis heute gebräuchlich und diente auch Martin Luther als Vorlage für seine Bibelübersetzung ins Deutsche.

Augustinus:
Augustinus, geb. 354; gest. 430 n. Chr., war ein Philosoph und Theologe und die letzten 35 Jahre seines Lebens Bischoff von Hippo Regius (Annaba) im heutigen Algerien. Während seiner Zeit als Bischoff hat Augustinus zahlreiche philosophisch-theologische Bücher geschrieben. In seinem bedeutendsten Werk „Vom Gottesstaat“ (De Civitate Dei) sagt er das Ende des Römischen Reiches vorher, das als Verkörperung der Sünde untergehen soll und muss. Danach werde die Herrschaft der Kirche in einem Reich Gottes anheben. Mit dieser Aussage ist De Civitate Dei zur theoretischen Grundlage für den Machtanspruch der katholischen Kirche und der Päpste des Mittelalters über weltliche Machthaber geworden.

---

[2] von „vulgatus“, lat. „einfach“, ohne den abwertenden Beiklang des deutschen Fremdwortes „vulgär“.

Architektonische und künstlerische Leistungen:

Im fünften und sechsten Jahrhundert n. Chr. wurden in Italien zahlreiche Kirchen und Kapellen gebaut. Die bedeutendsten und mit vollständig erhaltenen Mosaiken ausgestatteten Bauwerke befinden sich in der Stadt Ravenna und ihrer Umgebung. Die Farbgebung und Leuchtkraft der Mosaiken ist auch heute, rund 1500 Jahre nach ihrer Entstehung, immer noch einzigartig und wurde in später entstandenen Werken nie wieder erreicht.

Besonders erwähnenswert sind:

- aus dem fünften Jahrhundert das Mausoleum der Galla Placidia, Schwester des Kaisers Honorius, sowie
- die Taufkapelle der Arianer[3] und
- aus dem Anfang des sechsten Jahrhunderts die Basilica di San Apollinare Nuovo, Hofkirche Theoderichs, und
- die jeweils von dem Bankier *Iulianus Argentarius* gestiftete Basilica di San Vitale und
- die Basilica di San Apollinare in Classe.

[3] Unter den Germanen verbreitete Glaubensrichtung innerhalb des Christentums, die die Dreieinigkeit, Gott Vater, Sohn und Heiliger Geist, in Frage stellt und Jesus als Halbgott verehrt.

Das Zeitalter Iustinians, 527 bis 565 n. Chr.:

Einleitung:

Während das Weströmische Reich im Jahre 476 n. Chr. untergegangen war, hatte das Oströmische Reich sein Fortbestehen letztendlich nur dem Zufall zu verdanken, dass sich die Ströme der Völkerwanderung im fünften Jahrhundert an seinem Staatsgebiet vorbei direkt auf die weströmischen Provinzen konzentrierten. Ostrom nutzte die Zeit relativer Ruhe dazu, das Militär zu stärken und den inneren Frieden im Reich zu erhalten. Constantinopolis erhielt unter Kaiser *Theodosius II.,* 408 bis 450 n. Chr., eine neue und sehr viel mächtigere Stadtmauer als die bisherige, die der Stadt in den folgenden Jahrhunderten noch wertvolle Dienste erweisen sollte.

Das Oströmische Reich war zwar zu schwach gewesen, den Untergang des Westens militärisch zu verhindern. Durch geschickte Diplomatie gelang es den Kaisern von Constantinopolis jedoch, ihre Macht zu erhalten, zum einen gegenüber der eigenen Militärführung und zum anderen gegenüber äußeren Feinden. So stiegen die Wirtschaftskraft und die militärische Stärke des Oströmischen Reiches bis zum Beginn des sechsten Jahrhunderts allmählich an.

Als *Iustinianus* im Jahre 527 n. Chr. oströmischer Kaiser wurde, setzte er sich zum Ziel, die Macht und die territoriale Größe des alten Römischen Reiches wiederherzustellen. Während seiner langen Regierungszeit überzog Iustinianus das gesamte Reich mit zahlreichen Prachtbauten, er ließ das römische Recht zusammenfassen, und er eroberte

Nordafrika, den Südosten der iberischen Halbinsel sowie Italien für das Römische Reich zurück.

Die Hagia Sophia:

Mit der Hagia Sophia ließ Iustinianus die bis dahin mit Abstand größte Kirche aller Zeiten erbauen. Das Hauptschiff der Kirche umschließt eine Fläche von etwa 80 X 70 qm und wird von einer 56 m hohen Kuppel mit einem Durchmesser von 31 m überspannt. Zwei sich anschließende Halbkuppeln überspannen weitere Nebenschiffe der Hagia Sophia.

Die Hagia Sophia ist bis heute das wohl bekannteste Wahrzeichen des alten Konstantinopels bzw. der heutigen Stadt Istanbul. Erst etwa 1000 Jahre später gelang es dem türkischen Architekten *Sinan*, mit dem Bau der Suleyman-Moschee in Istanbul und der Selim-Moschee in Edirne sowie dem Italiener *Michelangelo* mit dem Bau des Petersdoms in Rom, hinsichtlich des umbauten Raumes Gotteshäuser vergleichbarer Größe zu errichten.

Der Corpus Iuris:

Der Corpus Iuris (Körper des Rechts) ist die übersichtliche Zusammenfassung und Überarbeitung der gesamten Gesetzgebung des Römischen Reiches in einem einzigen Gesetzbuch. Dieses Werk wurde von Kaiser Iustinianus selbst, dem Juristen *Tribonianus* und zehn auserwählten Helfern erstellt. Der Corpus Iuris fand im Oströmischen Reich bis zu seinem Untergang im Jahre 1453 n. Chr. Anwendung und bildete für fast alle in Europa während des Mittelalters entstandenen Staaten die Grundlage für ihre eigene Gesetzgebung.

Der Vandalenkrieg, 533 bis 534 n. Chr.:

Nach dem Tod König Geiserichs im Jahre 477 n. Chr. nahm die Stabilität des Vandalenreiches unter seinen Nachfolgern allmählich ab. Zum einen kam es zu Auseinandersetzungen um die Herrschaftsnachfolge und zum anderen wurde die Vandalenherrschaft durch immer heftigere Angriffe der Berber und Mauren, der Ureinwohner Nordafrikas, geschwächt.

Dem Angriff des Oströmischen Reiches im Jahre 533 n. Chr. unter Führung des Feldherrn *Belisarius* waren die Vandalen nicht mehr gewachsen und mussten sich nach einem kurzen Krieg ergeben. Die Spur der Vandalen hat sich nach der Zerschlagung ihres nordafrikanischen Reiches verloren.

Der Gotenkrieg, 535 bis 552 n. Chr. :

Der Gotenkrieg begann im Jahre 535 n. Chr. mit der Landung eines oströmischen Heeres auf Sizilien, wie schon im

Vandalenkrieg, wieder unter Führung des Feldherrn Belisarius. Die Angreifer setzten von dort auf das italienische Festland über und rückten binnen fünf Jahren bis nach Ravenna, der Hauptstadt des Ostgotenreiches, vor. Dort wurde König *Witichis* gefangen genommen, und der Krieg schien beendet zu sein. Die übrig gebliebenen gotischen Krieger waren zwar noch nicht entwaffnet. Sie lebten jedoch ohne Staatsführung in einem von den oströmischen Truppen flächendeckend besetzten Land.

Nach gut einem Jahr relativer Ruhe wählten die Ostgoten Anfang des Jahres 542 *Totila* zu ihrem neuen König und formierten sich neu. Im Gegensatz zur ersten Phase des Krieges bis 540 liefen dem ausstrahlungsstarken neuen Gotenkönig Totila jetzt massenhaft Söldner zu, sowohl Barbaren aus Gebieten außerhalb Italiens als auch aus der römischen Zivilbevölkerung, die seit der Besetzung Italiens durch das Oströmische Reich mit zusätzlichen Steuern belastet wurde.

Die Goten gewannen jetzt aus einer zunächst aussichtslos erscheinenden Situation heraus die Oberhand über die Besatzer. Hierbei kam ihnen zu Gute, dass Iustinianus seinen Feldherrn Belisarius aus Angst, er könne zu mächtig werden, unmittelbar nach dem Ende der ersten Kriegsphase aus Italien abberufen hatte und dass die kaiserlichen Truppen die Kämpfe so ohne einen geeigneten Anführer wieder aufnehmen mussten.

544 kehrte Belisarius auf das Schlachtfeld zurück, und es folgten sieben weitere Kriegsjahre mit für beide Seiten verlustreichen Kämpfen, ohne dass eine Entscheidung abzuse-

hen war. Italien wurde in dieser zweiten Kriegsphase gänzlich in Schutt und Asche gelegt.

Die Reserven des Oströmischen Reiches schienen jedoch unerschöpflich zu sein. Im Jahre 551 schickte Kaiser Iustinianus ein mehrere 10.000 frische Legionäre umfassendes Heer unter Führung des Feldherrn *Narses*, das, aus Illyricum kommend, in Italien einmarschierte. Dieser Übermacht waren die gotischen Krieger nicht mehr gewachsen, und sie erlebten im Sommer 552 in der Schlacht bei Taginae in Umbrien die kriegsentscheidende Niederlage. In dieser Schlacht fiel auch König Totila.

Der neu gewählte Ostgotenkönig *Teja* zog nach der Niederlage von Taginae den gesamten Rest seines Volkes in der Nähe von Neapolis zusammen und erwartete dort die nach Süden vorrückende Armee des Narses. In der Schlacht am Mons Lactarius (Schlacht am Milchberg) am Fuße des Vesuvs ging das Volk der Ostgoten Ende des Jahres 552 praktisch ohne Überlebende unter.

Die Folgen des Gotenkrieges für Italien:

Italien war nach 17 Jahren Krieg als letzte Eroberung des Kaisers Iustinianus zu einer Provinz des Oströmischen Reiches geworden. Die Kriegsschäden Italiens waren jedoch so hoch, dass die neue Provinz aus wirtschaftlicher Sicht praktisch wertlos war.

Ein besonderer Schrecken des Gotenkrieges hatte in den zahlreichen Belagerungen der Städte Italiens gelegen. Hierbei wurden regelmäßig die Wasserleitungen, die in die jeweils belagerte Stadt führten, gekappt. Dies führte nicht nur zu Trinkwassermangel, sondern leistete auch dem Hunger Vorschub, denn die städtischen Getreidemühlen wurden meist mit leitungsgebundenem Wasser betrieben. Schließlich kam der Betrieb der zahlreichen öffentlichen Badeanstalten und Thermen, ein Kernstück der antiken Lebenskultur, für immer zum Erliegen.

Die Wirren des Krieges, die mit ihm verbundenen Hungersnöte und die sogenannte „Justinianische Pest“, eine Pestwelle von bisher nie dagewesenem Ausmaß, hatten Italien geradezu entvölkert. Die einstige Millionenstadt Rom, die zwischen den Kriegsgegnern fünf Mal den Besitzer wechselte, war nach Kriegsende auf etwa 10.000 bis 20.000 Einwohner zusammengeschrumpft. Der Historiker und kaiserliche Kriegsberichterstatter *Procopius* beschreibt Rom als Geisterstadt, in der leerstehende Villen, öffentliche Bauten und ganze Wohnviertel allmählich verfielen.

Nachdem Hispanien, Gallien und Britannien bereits im fünften Jahrhundert der Wildnis anheimgefallen waren, lag zur Mitte des sechsten Jahrhunderts auch Italien am Boden und sollte sich für die nächsten etwa 1000 Jahre nicht von den Folgen des Gotenkrieges erholen. Die technischen Errungenschaften, die Kultur und der hohe Lebensstandard, der im Römischen Reich erreicht worden war, verschwanden aus dem Bewusstsein der Menschen. Insbesondere fand die stark dezimierte Bevölkerung nicht die Kraft, die im Gotenkrieg zerstörten Trinkwasserleitungen instand zu setzen. Mangelnde Hygiene führte während des gesamten Mittelalters zum regelmäßigen Auftreten von Pest und Cholera und verhinderte einen nachhaltigen Wiederanstieg der Bevölkerungszahl.

Rückblick auf die Herrschaft Iustinians:

Kaiser Iustinianus kann gleichermaßen sowohl als letzter großer Herrscher der Antike als auch als deren Totengräber bezeichnet werden. Einerseits hat er mit dem Corpus Iuris der Nachwelt ein Meisterwerk der Gesetzgebung und mit der Hagia Sophia ein Meisterwerk antiker Baukunst hinterlassen. Andererseits hat er als Folge aus dem von ihm entfesselten Gotenkrieg den Untergang der antiken Lebenskultur zu verantworten. Rom war zur Kleinstadt zusammengeschrumpft und Italien zu einer verarmten Provinz geworden, von der keine Impulse mehr für die Weiterentwicklung des Oströmischen Reiches ausgehen würden. Im weiteren Verlauf dieses Buches soll deshalb auch nicht mehr vom „Römischen" oder „Oströmischen Reich", sondern, wie in der Geschichtsschreibung üblich, vom „Byzantinischen Reich" gesprochen werden. Bezeichnender Weise für den eingetretenen Kulturwandel wurde wenige Jahre nach Iustinians Tod im Jahre 565 n. Chr. Latein als Amtssprache durch ein Griechisch ersetzt, das dem heute gesprochenen Griechisch schon ziemlich ähnlich gewesen sein soll.

Das Erbe Iustinians:

Iustinianus hinterließ seinen Nachfolgern ein völlig entkräftetes Reich mit einer in weiten Teilen verarmten Bevölkerung, das zur leichten Beute zukünftiger Feinde werden sollte.

Im Jahre 568 n. Chr., also nur drei Jahre nach Iustinians Tod, fiel das Volk der Langobarden in Italien ein, besetzte die gesamte Po-Ebene und rückte, an Ravenna vorbei, bis fast nach Rom vor.

Ab dem Ende des sechsten Jahrhunderts zogen slawische Völker in den Balkanraum ein und besiedelten ihn bis zum Ende des siebten Jahrhunderts größtenteils.

Schließlich dehnte das neupersische Reich der Sassaniden, das im dritten Jahrhundert n. Chr. auf den Trümmern des alten Partherreiches entstanden war, seinen Herrschaftsbereich zeitweilig auf Syrien, Palästina und Teile Ägyptens aus. Unter Kaiser *Herakleios*, 610 bis 641 n. Chr., gelang es den Byzantinern, die Sassaniden zurückzudrängen. Jedoch sollte der Orient nur kurze Zeit später für immer den Arabern zufallen.

Der Aufstieg der Araber zur neuen Weltmacht und des Islams zu einer neuen Weltreligion, 571 bis 750 n. Chr.:

Einleitung:

Im Jahre 571 n. Chr. wurde in der Stadt Mekka im heutigen Saudi-Arabien der Prophet *Mohammed* geboren, der im Verlaufe seines Lebens zum Stifter des Islams[4], einer neuen Weltreligion mit vergleichbar großer Ausstrahlungskraft wie das Christentum, und zum Begründer einer neuen Großmacht werden sollte. Bis zu seinem Tode im Jahre 632 n. Chr. hatte sich Mohammed und dem Islam praktisch die gesamte Bevölkerung der arabischen Halbinsel angeschlossen.

Die Ausbreitung des Islams:

Unter seinen ersten beiden Nachfolgern, den Kalifen[5] *Abu Bakr* und *Omar*, die beide persönliche Freunde und Weggefährten Mohammeds waren, begann ab 634 n. Chr. die Ausbreitung des Islams nach Norden und die militärische Konfrontation mit dem Byzantinischen Reich. Innerhalb von nur sechs Jahren eroberten die Araber bis 640 n. Chr. Mesopotamien, Palästina und Syrien. Der Vormarsch der

---

[4] „Islam" bedeutet auf arabisch „Ergebung in Gottes Willen"

[5] „Kalif", arab. „Nachfolger"

Araber kam erst in etwa in Höhe der heutigen syrisch-türkischen Grenze zum Stehen.

Nach Osten und Nordosten drangen die Araber in den nächsten Jahren bis zum Indus bzw. bis zu den Wüsten Zentralasiens vor und in westlicher Richtung in die nordafrikanischen Provinzen des Byzantinischen Reiches. 698 n. Chr. wurde Carthago erobert. Anfang des achten Jahrhunderts erreichten die Araber und mit ihnen der Islam die Atlantikküste. Bis zur Mitte des achten Jahrhunderts, also nur etwa hundert Jahre nach dem Tod des Propheten Mohammed, wurde auch die iberische Halbinsel erobert. Das Byzantinische Reich war jetzt, nur knapp 200 Jahre nach dem Tod Kaiser Iustinians, auf Kleinasien, Thrakien, die ägäischen Inseln, Sizilien, Sardinien und Korsika sowie einige nicht miteinander verbundene Gebiete in Italien und auf der Balkanhalbinsel zusammengeschmolzen.

Gründe für die militärischen Erfolge der Araber:

Die Byzantiner waren den Arabern sowohl zahlenmäßig als auch waffentechnisch haushoch überlegen. Die militärischen Erfolge der Araber lassen sich deshalb nur mit der religiösen Begeisterung erklären, mit der sie für die Verbreitung des Islams gekämpft haben müssen.

In den eroberten Gebieten, die überwiegend von Christen und jüdischen Minderheiten bewohnt waren, erwiesen sich die Araber jedoch als tolerante Besatzer, und es wurde von

Zwangskonvertierungen zum Islam grundsätzlich abgesehen. Für diese, aus staatsmännischer Sicht vernünftige Vorgehensweise gibt es auch eine theologische Rechtfertigung: Alle drei Religionen, Islam, Christentum und Judentum, berufen sich auf die Existenz nur eines einzigen allmächtigen Gottes, so dass davon ausgegangen werden kann, dass die Anhänger aller drei Religionsgemeinschaften tatsächlich an den selben Gott glauben, ihm aber auf unterschiedliche Art und Weise dienen. Auf Grundlage dieser Überlegung wird bis heute Mischehen zwischen Moslems und Christen bzw. zwischen Moslems und Juden der Segen der islamischen Geistlichkeit erteilt.

Insgesamt wurde die neue Religion des Islams in den eroberten Gebieten auch ohne Zwang von großen Teilen der Bevölkerung freiwillig angenommen, was die entscheidende Voraussetzung für die Bestandskraft des jungen arabischen Großreiches war.

Vom Grundsatz ist der Islam wie das Christentum eine barmherzige Religion mit einem gütigen und nachsichtigen Gott. Im Gegensatz zum Christentum hat Nächstenliebe jedoch nicht bedingungslos zu erfolgen. Notwehr und Selbstverteidigung sind ausdrücklich zulässig. Der Koran gibt klare und erfüllbare Vorgaben für das Leben eines Moslems. Die Wichtigsten sind:

- das klare Bekenntnis zu nur einem einzigen Gott,
- fünf Gebete am Tag,
- Nächstenliebe und materielle Unterstützung Bedürftiger,

- Einhaltung einer etwa vierwöchigen Fastenzeit im Jahr, sofern ohne gesundheitliche Schäden möglich und
- einmal im Leben die Teilnahme an einer Pilgerfahrt nach Mekka.

Die Belagerung Konstantinopels durch die Araber, 717/718 n. Chr.:

Im Jahre 717 n. Chr. begann die Belagerung Konstantinopels durch die Araber, die nach schweren Kämpfen Anfang des Jahres 718 abgewehrt wurde. Neben den militärischen Fähigkeiten Kaiser *Leos III.*, 717 bis 741 n. Chr., kam den Byzantinern bei der Verteidigung ihrer Hauptstadt auch der extrem strenge Winter 717/718 zu Hilfe. Nach dieser Schlacht, bei der es um Untergang oder Fortbestand des Byzantinischen Reiches gegangen war, kam es im weiteren Verlauf der Geschichte auch weiterhin zu Kriegen zwischen Arabern und Byzantinern, die aber nie wieder existenzbedrohend für eines der beiden Reiche waren.

Rückblickend betrachtet muss dieser abgewehrten Belagerung Konstantinopels weltgeschichtliche Bedeutung zugemessen werden, denn im Falle eines Sieges hätten die Araber und mit ihnen der Islam ungehinderten Zugang in das Anfang des achten Jahrhunderts nach den Wirren der Völkerwanderung immer noch weitgehend daniederliegende Europa gehabt.

Innere Unruhen im Byzantinischen Reich und weiterer Machtverlust in Italien während des achten Jahrhunderts n. Chr.:

Im achten Jahrhundert entbrannte im Byzantinischen Reich ein innenpolitisch-theologischer Streit darüber, ob die Verehrung von Heiligenbildern dem Christentum weiterhin angemessen sei oder aber als Götzendienst abgeschafft werden sollte. Diese „Bilderstreit“ genannte Meinungsverschiedenheit führte zeitweilig zu bürgerkriegsartigen Auseinandersetzungen zwischen den Anhängern der beiden verfeindeten Lager. Im Verlauf des Bilderstreits wurden zahlreiche Kunstwerke zerstört, so z. B. fast die gesamte Erstausstattung der Hagia Sophia mit Mosaiken bis auf einige wenige nichtgegenständliche Ornamente. Der Bilderstreit endete erst im beginnenden neunten Jahrhundert, nachdem sich die Bilderbefürworter durchgesetzt hatten.

In Italien eroberten die Langobarden Mitte des achten Jahrhunderts mit dem sogenannten „Exarchat Ravenna“ die letzten den Byzantinern im Norden Italiens noch verbliebenen Gebiete. In Süditalien hatte der Papst bereits seit dem Ende des Gotenkrieges damit begonnen, seine Macht auszubauen und war allmählich zum eigentlichen Herrscher neben dem byzantinischen Statthalter geworden. Mitte des achten Jahrhunderts wurde der Kirchenstaat ausgerufen. Damit sagten sich die Stadt Rom und die umliegenden Ländereien auch formal vom Byzantinischen Reich los. In einem symbolträchtigen Akt krönte Papst *Leo III.* den König des Frankenreiches, *Karl den Großen*, 768 bis 814 n. Chr., am Weihnachtstag des Jahres 800 zum Kaiser, ohne dass Konstantinopel darauf irgendeinen Einfluss gehabt hätte. Lediglich Apulien und Kalabrien konnten die Byzantiner über das achte Jahrhundert hinaus halten.

Zur Mitte des neunten Jahrhunderts stabilisierte sich das Byzantinische Reich schließlich, jedoch im Vergleich mit dem antiken Römischen Reich auf einem sehr niedrigen Niveau.

Teil IV

867 n. Chr. bis 1453 n. Chr.

Einleitung:

Teil IV dieses Buches behandelt die letzten knapp 600 Jahre der byzantinischen Geschichte. In dieser Zeit wechselten sich mehrere Phasen kultureller und wirtschaftlicher Blüte mit Phasen des Niederganges ab. Auch als Regionalmacht, zu der das Byzantinische Reich inzwischen zusammengeschrumpft war, blieb es der größte Rohseideproduzent Europas und mit seiner Hauptstadt Konstantinopel ein wichtiger Handelsplatz für den Warenaustausch zwischen Europa und Asien.

Die Mazedonische Dynastie, 867 bis 1057 n. Chr.:

Unter den Kaisern der mazedonischen Dynastie erlebte das Byzantinische Reich nach Beendigung des Bilderstreits eine Phase der inneren Ruhe und kulturellen Blüte. Ab dem zehnten Jahrhundert kam es im ganzen Reich zu zahlreichen Klosterneugründungen, so z. B. zur Gründung der Athos-Klöster im Norden Griechenlands, in denen zeitweilig bis zu 40.000 Mönche lebten und arbeiteten oder zur Gründung des Klosters Hosios Lukas bei Delphi.

Der bedeutendste Kaiser der mazedonischen Dynastie war *Basileios II.*, 976 bis 1025 n. Chr. Während seiner langen Regierungszeit gelang es, das Bulgarenreich, das von den Nachkommen der slawischen Einwanderer des sechsten und siebten Jahrhunderts gegründet worden war, zu erobern. Die Bulgaren, die bereits zuvor den christlichen Glauben angenommen hatten, konnten in das Byzantinische Reich integriert werden.

Ein weiterer Erfolg Kaiser Basileios II. bestand darin, mit Russland einträgliche Handelsbeziehungen aufzubauen. Die Beziehungen zu Russland wurden durch Missionierungsarbeit der Byzantiner und dadurch, dass Basileios II. seine Schwester *Anna* mit *Wladimir I.*, dem Großfürsten von Kiew vermählte, gefestigt.

Angriffe der Seldschuken und der Normannen auf das Byzantinische Reich:

Ende des 11. Jahrhunderts wurde das Byzantinische Reich zeitgleich von den Seldschuken im Osten und von den Normannen im Westen angegriffen.

Die Seldschuken, ein aus Zentralasien stammendes Turkvolk, machten sich Ende des 11. Jahrhunderts auf den Weg nach Südwesten und besiegten die Byzantiner im Jahre 1071 n. Chr. in der Schlacht bei Manzikert in Armenien vernichtend. In den folgenden Jahren besetzten sie fast das gesamte Kleinasien bis auf einen schmalen Küstenstreifen und damit eine für die Nahrungsmittelversorgung des Byzantinischen Reiches wichtige Provinz. Zeitgleich eroberten die von den Wikingern abstammenden Normannen sämtliche bis dahin noch zum Byzantinischen Reich gehörenden Gebiete in Süditalien.

Die Komnenen-Dynastie, 1081 bis 1185 n. Chr.:

Im Jahre 1081 wurde *Alexios I. Komnenos*, 1081 bis 1118 n. Chr., ein erfahrener Feldherr und geschickter Diplomat, byzantinischer Kaiser und zum Gründer der nach ihm benannten Komnenen-Dynastie. Ihm und seinen Nachfolgern gelang es, das Byzantinische Reich nach den verlustreichen Kämpfen gegen die Seldschuken und gegen die Normannen wieder zu stabilisieren.

Zunächst verpflichtete Alexios I. die Seefahrer-Republik Venedig, ihn bei der Abwehr der Normannen zu unterstützen und mit ihren Schiffen das Adriatische Meer zu kontrollieren. Als Gegenleistung mussten die Byzantiner den Venezianern jedoch Handelsrechte in Konstantinopel und anderen Hafenstädten einräumen. Dies schwächte zum einen die Wirtschaftskraft des Byzantinischen Reiches, da die Venezianer als erfolgreiche Kaufleute den Byzantinern Marktanteile abnahmen. Zum anderen bildeten die wohlhabenden Bewohner der venezianischen Handelskolonien einen Fremdkörper in der Gesellschaft, der sich nicht mit den Sitten und der Kultur der Byzantiner identifizierte.

Im Jahre 1096 rief Papst *Urban II.* die Mächte West- und Mitteleuropas zum ersten Kreuzzug auf, mit dem Ziel, das Heilige Land, das damals wie Kleinasien von den muslimischen Seldschuken beherrscht wurde, zu erobern. Daraufhin lud Kaiser Alexios I. die Anführer des ersten Kreuzzuges nach Konstantinopel ein und es gelang ihm, die Kreuzfahrer dazu zu bewegen, auf ihrem Weg nach Palästina mit ihm zusammen die Westhälfte Kleinasiens für das Byzantinische Reich zurückzugewinnen.

Nach vergleichsweise ruhigen Zeiten schwächten Streitigkeiten um die Thronfolge und innere Unruhen gegen Ende des zwölften Jahrhunderts die Verteidigungsbereitschaft des Byzantinischen Reiches. Auf dem Balkan sagten sich zuerst die Serben von Konstantinopel los. Danach gründeten die Bulgaren ein zweites Bulgarisches Reich. Schließlich zogen die Normannen, von Italien kommend, plündernd durch den Balkan und Griechenland. Sie konnten zwar zurückgeschlagen werden, hatten jedoch auf ihrem Raubzug Seidenraupen erbeutet und so das europäische Monopol der Byzantiner für die Seidenproduktion gebrochen.

Die Eroberung Konstantinopels durch die Kreuzfahrer:

Die Teilnehmer des von Venedig angeführten vierten Kreuzzuges erkannten die Schwäche des Byzantinischen Reiches und eroberten im Jahre 1204 kurzerhand Konstantinopel, Thrakien, den Nordwesten Kleinasiens und nach Süden hin ein Gebiet, das in etwa dem heutigen Griechenland entspricht. Die eroberten Gebiete wurden unter der Bezeichnung „Lateinisches Kaiserreich“ zu einem Vasallenstaat der Kreuzfahrer zusammengefasst und in den folgenden Jahrzehnten rücksichtslos ausgeplündert. Als besonders symbolträchtig gilt der Raub von vier bronzenen Pferdestatuen aus dem Hippodrom von Konstantinopel durch die Venezianer. Die Pferdestatuen zieren seitdem den Eingang zur Markuskirche in Venedig.

Der Rest des Byzantinischen Reiches bestand aus drei nicht miteinander verbundenen Gebieten. Aus diesen gingen unabhängige Nachfolgestaaten hervor, das Kaiserreich Nikaia, und das Kaiserreich Trapezunt in Kleinasien sowie das Fürstentum Epirus auf dem Balkan.

Praktisch unmittelbar nach ihrer Gründung begannen das Kaiserreich Nikaia von Osten, das Fürstentum Epirus von Westen und außerdem Bulgarien von Norden her das Lateinische Kaiserreich militärisch anzugreifen. Sie erzielten dabei schnelle Erfolge, denn die Kreuzfahrer, denen es zwar gelungen war, in einem Überraschungsangriff Konstantinopel zu erobern, waren zahlenmäßig unterlegen. Außerdem konnten die Angreifer auf die Unterstützung durch die Bevölkerung bauen, die sogar die Bulgaren als Befreier von den Kreuzfahrern begrüßte. So schrumpfte das Lateinische Kaiserreich bald auf Konstantinopel und seine unmittelbare Umgebung zusammen. Mit Unterstützung durch die Genuesen, dem Erzrivalen Venedigs, gelang es dem Kaiserreich Nikaia schließlich im Jahre 1261 unter Führung Kaiser *Michaels VIII. Palaiologos*, 1258 bis 1282 n. Chr., Konstantinopel zurückzuerobern und das Byzantinische Reich wiederherzustellen.

Die Palaiologen-Dynastie und der Untergang des Byzantinischen Reiches, 1258 bis 1453 n. Chr.:

Die wirtschaftlichen und politischen Verhältnisse:

Michael VIII. Palaiologos wurde zum Gründer der letzten byzantinischen Kaiserdynastie. Die Voraussetzungen für einen neuerlichen wirtschaftlichen Aufschwung und politisch stabile Verhältnisse wie unter der Mazedonischen Dynastie und den Komnenen-Kaisern waren jedoch jetzt nicht mehr gegeben. Konstantinopel war nach der 57 Jahre währenden Kolonialherrschaft der Kreuzfahrer all seiner Reichtümer beraubt und die Bausubstanz der Stadt stark verfallen. Die Handelsbeziehungen zu Russland waren während der Besetzung Konstantinopels unterbrochen worden und konnten nicht wiederbelebt werden. Schließlich war der Seidenhandel zurückgegangen, nachdem das europäische Seidenmonopol der Byzantiner von den Normannen gebrochen worden war. Eine nachhaltige wirtschaftliche Entwicklung des wiedererstarkten Byzantinischen Reiches wurde auch dadurch behindert, dass in den zurückliegenden unruhigen Jahrzehnten zahlreiche lokale Feudalherren politisch einflussreich geworden waren, und sich lediglich für die Wahrung ihrer eigenen kommunalen Interessen einsetzten. Im Übrigen gelang es dem Byzantinischen Reich nicht, das Kaiserreich Trapezunt und das Fürstentum Epirus für einen Zusammenschluss zu gewinnen. Während in der Folgezeit Meinungsverschiedenheiten mit dem Kaiserreich Trapezunt immer auf diplomatischem Wege beigelegt werden konnten, kam es mit dem Fürstentum Epirus zeitweilig sogar zu bewaffneten Auseinandersetzungen.

Eine kurze Blütezeit erlebte lediglich die Halbinsel Peloponnes im Süden Griechenlands. Dort entwickelte sich nach dem Sieg der Byzantiner über die Kreuzfahrer der kleine Ort Mistras ab dem Ende des 13. Jahrhunderts zu einer Stadt mit mehreren 10.000 Einwohnern. Mistras ist heute eine Geisterstadt. Nur das Pantanassakloster ist noch von einigen Nonnen bewohnt. Dem Besucher vermittelt Mistras ein umfassendes Bild der byzantinischen Architektur.

Die Palaiologische Renaissance:

In den letzten 200 Jahren seines Bestehens erlebte das Byzantinische Reich noch einmal eine Blütezeit der Kunst, die nach der letzten Kaiserdynastie, „Palaiologische Renaissance“ genannt wird.

Herausragende Kunstwerke der Palaiologischen Renaissance sind die Mosaiken und Fresken der Chora-Kirche, die sich unweit der Stadtmauer im Stadtteil „Fatih“ des heutigen Istanbuls befindet. Ein weiteres bedeutendes Beispiel der Palaiologischen Renaissance ist das mehr als 20 qm große Mosaik in der Hagia Sophia, das Christus mit Maria und Johannes dem Täufer, eine sogenannte „Deesis“, darstellt. Schließlich stammen die Kirchen Mistras und die ersten Meteora-Klöster mit ihren eindrucksvollen Wandmalereien aus der Palaiologenzeit.

Die Meteora-Klöster wurden ab dem Beginn des 14. Jahrhunderts auf bis zu 300 m hohen Felsen in den Ausläufern des Pindos-Gebirges in Mittelgriechenland errichtet. Zum Schutz vor Feinden konnten die Klöster früher nur über Strickleitern oder in Netzen, in denen man sich hochziehen ließ, erreicht werden. Heute sind die Klöster sicher über in die Felsen gehauene Steintreppen zu erreichen.

Der Aufstieg der Osmanen:

Ende des 13. Jahrhunderts war das Reich der türkischstämmigen Seldschuken in zahlreiche Kleinstaaten zerfallen. Einer dieser Kleinstaaten war das im Nordwesten Kleinasiens gelegene nach seinem Gründer, dem Sultan *Osman I.*, 1288 bis 1324 n. Chr., benannte „Osmanische Reich".

Die Osmanen waren militärisch sehr erfolgreich und konnten ihr Herrschaftsgebiet rasch sowohl zu Lasten anderer Nachfolgestaaten des Seldschukenreiches als auch zu Lasten des Byzantinischen Reiches auf ganz Westanatolien ausdehnen. Konstantinopel hatte den Schutz seiner Provinzen in Kleinasien bewusst vernachlässigt, da sämtliche Streitkräfte dringend auf dem Balkan benötigt wurden. So konnte jetzt den angreifenden Osmanen keine wirksame Gegenwehr geleistet werden. Mitte des 14. Jahrhunderts hatte das Byzantinische Reich seine kleinasiatischen Besitzungen vollständig an die Osmanen verloren.

Im Jahre 1354 n. Chr. überquerten die Osmanen die Dardanellen und begannen zielstrebig mit der Eroberung Südosteuropas. Anfang des 15. Jahrhunderts war das Byzantinische Reich schließlich auf seine Hauptstadt Konstantinopel und einige Vororte und Vorposten zusammengeschrumpft und vollständig von den Osmanen umstellt.

Bis zur Eroberung Konstantinopels durch die Osmanen, und damit zum Untergang des Byzantinischen Reiches, sollten jedoch noch rund 50 Jahre vergehen. Zum einen ließ sich die Stadt nicht einfach aushungern, da es den in der Schifffahrt unerfahrenen Osmanen nicht gelang, die Versorgung Konstantinopels über den Seeweg zu unterbinden. Im Übrigen befanden sich innerhalb der Stadtmauern genügend Freiflächen zur Nahrungsmittelerzeugung durch landwirtschaftliche Nutzung. Zum anderen fielen Anfang des 15. Jahrhunderts die Horden des Mongolen *Timur Khan* plündernd in Kleinasien ein und unterbrachen den Eroberungsdrang der Osmanen. Die Byzantiner waren sich dennoch ihrer auf Dauer aussichtslosen Lage bewusst. Konstantinopel hatte etwa 100.000 Einwohner und verfügte über eine nur etwa 8.000 Mann starke Armee. Vergeblich versuchten die letzten byzantinischen Kaiser, in Westeuropa Bundesgenossen für den Abwehrkampf gegen die Osmanen zu gewinnen. Im Jahre 1405 n. Chr. starb Timur Khan, das Mongolenreich zerfiel und die Osmanen hatten wieder freie Hand für ihre Eroberungszüge in Südosteuropa.

Als *Mehmed II.*, 1451 bis 1481 n. Chr., osmanischer Sultan wurde, begann er unmittelbar nach Herrschaftsantritt mit den Vorbereitungen zur Eroberung Konstantinopels. Er warb Söldner an, ließ Kriegsschiffe bauen und Kanonen gießen.

Anfang April des Jahres 1453 begann die Schlacht um Konstantinopel, in der etwa 100.000 Osmanen nur etwa 8.000 Byzantinern gegenüberstanden. Erst nach etwa zwei Monaten, in den frühen Morgenstunden des 29. Mai 1453 n. Chr., gelang es den Osmanen, die über 1000 Jahre alte Stadtmauer Konstantinopels, die dem vorangegangenen Beschuss mit Kanonen standgehalten hatte, zu überwinden und in die Stadt einzudringen. In Straßenkämpfen fielen die letzten wehrhaften Byzantiner, unter ihnen auch der letzte Kaiser, *Konstantinos XI.*, 1449 bis 1453 n. Chr. Sultan Mehmed II. überließ Konstantinopel seinen Soldaten einige Stunden zur Plünderung, bevor er selbst am Nachmittag in die Stadt einritt. Das Byzantinische Reich war damit untergegangen.

Rückblick auf die Geschichte der Römer und Byzantiner:

Das Römische Reich hatte, zunächst unter seiner ursprünglichen Bezeichnung und später als Byzantinisches Reich, etwa 2200 Jahre bestanden, von der Mitte des achten Jahrhunderts v. Chr. bis zum 29. Mai 1453 n. Chr.

Für die lange Bestandskraft des Römischen bzw. Byzantinischen Reiches gibt es zwei entscheidende Gründe. Der Hauptgrund ist wohl, dass die Römer nach der Eroberung neuer Länder nicht nur darauf aus waren, die neuen Provinzen auszuplündern, sondern vielmehr als vollwertige Teile in das bestehende Reich einzugliedern, ihre eigene Kultur in die eroberten Gebiete zu tragen und so den Zusammenhalt des Staates zu festigen. Die Ureinwohner der Provinzen und deren Nachkommen hatten gute Aussichten, vollwertige römische Staatsbürger zu werden, wenn sie die Bräuche und Wertvorstellungen der Eroberer annahmen. Römische Staatsbürger nichtitalienischer Abstammung waren gegenüber gebürtigen Italienern hinsichtlich ihres Ansehens in der Gesellschaft und ihrer beruflichen Möglichkeiten nicht benachteiligt, was auch die zahlreichen aus den Provinzen stammenden römischen Kaiser belegen. Die Bereitschaft der römischen Staatsführung, Fremde in ihre Gesellschaft zu integrieren, setzte sich in der byzantinischen Zeit fort.

Der zweite Grund für die Langlebigkeit des Römischen Reiches war die Fähigkeit der Römer, selbst die Grundlagen ihrer Politik in Frage zu stellen und veränderten äußeren Umständen anzupassen. Als das wichtigste derartige Ereignis ist hier die Legalisierung des Christentums unter Kaiser Constantinus I. zu nennen, die den Fortbestand des Römischen Reiches im Mittelalter ermöglichte.

Die Römer waren hinsichtlich ihrer technischen Fähigkeiten und wissenschaftlichen Erkenntnisse höher entwickelt als die Menschen im Europa des Mittelalters. Der von den Römern erreichte hohe Lebensstandard ging in Westeuropa in den Wirren der Völkerwanderung während des fünften und sechsten Jahrhunderts in vergleichsweise kurzer Zeit und in Südosteuropa in dem fortbestehenden Byzantinischen Reich allmählich verloren. Zum Glück für die

Menschheit wurde das größtenteils schriftlich festgehaltene Wissen der Römer in Klöstern von besonnenen Mönchen und Nonnen über Jahrhunderte aufbewahrt, so dass später darauf zurückgegriffen werden konnte.

Ausblick auf den weiteren Verlauf der Geschichte der Osmanen:

Die Eroberung Konstantinopels, das sie unter dem Namen „Istanbul“ zu ihrer neuen Hauptstadt machten, war für die Osmanen ein wichtiger Schritt auf dem Weg, ihr Reich zu einer neuen Weltmacht auszubauen. Bis zum Beginn des 16. Jahrhunderts dehnte sich das Osmanische Reich über den gesamten Balkan, den vorderen Orient und Nordafrika aus. Es erreichte damit ungefähr die Größe des Byzantinischen Reiches unter Kaiser Iustinianus ohne Italien. Die territoriale Ausdehnung des Osmanischen Reiches blieb dann für die nächsten 300 Jahre nahezu unverändert bestehen. Im Gegensatz zu den Römern und Byzantinern gelang es den Osmanen jedoch nicht, ihre Kultur in die eroberten Gebiete zu tragen. Außerhalb ihres Kernlandes, Anatolien, und in der Stadt Istanbul blieben sie Fremde im eigenen Staat.

Ab dem Beginn des 19. Jahrhunderts begannen die Völker des Balkans nach Unabhängigkeit zu streben, und die Kolonialmächte Großbritannien, Frankreich und Italien teilten in weniger als 100 Jahren die nordafrikanischen und vorderasiatischen Besitzungen des Osmanischen Reiches unter sich auf. Nach dem Ersten Weltkrieg war das Osmanische

Reich in etwa auf das Staatsgebiet der heutigen Türkei zusammengeschrumpft.

Im Jahre 1922 wurde der letzte osmanische Sultan, *Mehmed VI.*, abgesetzt und *Mustafa Kemal*, genannt *Atatürk* (Vater der Türken), wurde erster Staatspräsident der Türkei, die sich seitdem zu einem modernen Industriestaat entwickelt hat.

E N D E

Literaturverzeichnis:

1.) Rudolf Hamann, Illustrierte Weltgeschichte für junge Leser, Bd. 3 bis 6, Neuer Tessloff Verlag, Hamburg, 1969.

2.) Emil Nack und Wilhelm Wägner, Rom – Land und Volk der alten Römer, Verlag Carl Ueberreuter, Wien, 1976.

3.) Ravenna Felix, Longo Editore, Ravenna, 1982.

4.) Lord Kinross, Hagia Sophia, Ebeling Verlag, Wiesbaden, 1976.

5.) Ferdinand Gregorovius, Geschichte der Stadt Rom im Mittelalter, Bd. 1, Deutscher Taschenbuch Verlag, München, 1978.

6.) Georg Ostrogorsky, Byzantinische Geschichte 324 bis 1453, Beck Verlag, München, 1963.

7.) Clive Foss, Rom und Byzanz – Archäologie in Wort und Bild, Nova-Buch, München, 1977.

8.) Manolis Chatzidakis, Mistra – die mittelalterliche Stadt und die Burg, Ekdotike Athenon S. A., Athen, 1981.